O conselheiro come

João Ubaldo Ribeiro

O conselheiro come

EDITORA
NOVA
FRONTEIRA

Direitos de edição da obra em língua portuguesa adquiridos pela
EDITORA NOVA FRONTEIRA S.A.
Rua Bambina, 25 – Botafogo – 22251-050
Rio de Janeiro – RJ – Brasil
Tel.: 537-8770 – Fax: 286-6755
http://www.novafronteira.com.br
e-mail: novafr2@embratel.net.br

Equipe de produção
Leila Name
Regina Marques
Michelle Chao
Sofia Sousa e Silva
Izabel Aleixo
Marcio Araujo

Revisão
Isabel Grau

CIP-Brasil. Catalogação-na-fonte
Sindicato Nacional dos Editores de Livros, RJ.

R369c
    Ribeiro, João Ubaldo, 1941-
      O conselheiro come / João Ubaldo Ribeiro. – Rio de Janeiro :
Nova Fronteira, 2000

    ISBN 85-209-1069-6

    1. Crônica brasileira. I. Título.

CDD 869.98
CDU 869.0(81)-8

Sumário

Questões Acadêmicas

— Posso chamar o senhor de "você", não posso?

— Claro que pode, acho que não sou assim tão mais velho do que você. E, afinal, já nos falamos várias vezes, neste boteco, podemos dizer que já somos velhos conhecidos, apesar de nunca termos conversado muito.

— É, nunca conversamos muito, mas é acanhamento.

— Que bobagem, acanhamento de quê?

— É que eu posso dar uma escorregada e cometer um erro de português. Fica muito chato cometer um erro de português, conversando com um acadêmico.

— Fica chato nada, acadêmico também comete erros de português.

— Ha-ha, o senhor é muito modesto. Aliás, é o que eu mais admiro no senhor, a sua modéstia. Um acadêmico assim, de bermuda, falando com todo mundo, realmente o senhor é muito modesto, muito simples.

— É o meu jeito de ser. Mas muitos outros acadêmicos são também simples, não é uma questão de ser acadêmico, é uma questão de temperamento pessoal.

— Nada, nada, o senhor é muito modesto, muito simples.

— Está bem, mas lá vai você me chamando de "senhor" novamente.

— É verdade, tenho dificuldade em dizer "você". Minha senhora mesmo já me advertiu. Acadêmico a pessoa deve tratar com respeito.

— Mas me chamar de "você" não é desrespeito. Acadêmico não é marciano, é gente como você, deve ser tratado como se trata qualquer pessoa.

— Ha-ha-ha-ha! Essa foi boa, muito boa mesmo! Só um acadêmico para vir com uma tirada dessas, genial! Acadêmico não é marciano, genial! Vou me lembrar dessa para contar a minha senhora. Não é marci... Genial!

— Muito obrigado, mas...

— O senhor é muito modesto, muito modesto mesmo, muito simples. Foi por isso que eu me aproximei do senhor, assim tomando esta ousadia.

— Ousadia nada, eu...

— É uma ousadia, sim, quem sou eu para ficar puxando papo com um acadêmico? Se o senhor não fosse tão simples assim, eu nem chegava perto, conheço meu lugar. Mas aí vejo sempre o senhor aqui, batendo papo normal com todo mundo, aí resolvi me aproximar também. É que eu tenho muita curiosidade sobre a Academia, quem chega lá já chegou a tudo, é ou não é?

— Não é bem assim. É uma honraria, mas também...

— Modesto, modestíssimo, muito simples, até mais simples do que eu imaginava. Depois de chegar na Academia... Na Academia, não, à Academia, desculpe o erro de português, eu sei a regra, mas a força do hábito... Depois de chegar à Academia, o camarada já chegou a tudo, isso ninguém pode negar. Eu tenho muita curiosidade sobre a Academia. Pode ser até uma bobagem minha, são curiosidades talvez bobas, mas há umas coisas que eu gostaria de saber. Posso perguntar?

— Mas é claro, só não respondo se não souber.

— Mas é muito modesto, muito simples mesmo! Um acadêmico dizendo "se eu não souber", ha-ha, vou guardar esta também, o senhor realmente é uma grande figura. Mas vou fazer minha primeira pergunta. Pode parecer besteira — desculpe, bobagem —, mas eu queria saber uma coisa: de que é o chá que os senhores tomam? Só ouço falar no chá, mas tinha uma vontade danada de saber de quê.

— Você acredita que eu não sei? Eu não tomo o chá.

— O senhor não toma o chá? Quer dizer que é tudo invenção, não tem o chá da Academia?

— Tem, tem. Mas eu não gosto de chá, não tomo o chá.

— Essa eu nunca esperei ouvir, vivendo e aprendendo! Eu tinha certeza de que o chá era obrigatório. Quer dizer que o senhor comparece, os outros tomam chá e o senhor não toma nada.

— Tomo, tomo. Fazem uma cajuadazinha para mim.

— Cajuada! Cajuada, cajuada mesmo? Mas é muito simples, muito modesto mesmo! Todo mundo ali tomando chá de dedinho levantado e o senhor tomando cajuada! Mas é muito simples, mesmo, essa eu também vou guardar. Cajuada, nunca imaginei, o sujeito na Academia, tomando cajuada, nunca imaginei.

— É, de fato. Mas é o que acontece. Eu tomo cajuada.

— Eu sabia! Quer dizer, não sabia, mas de certa forma sabia. Eu disse a minha senhora, quando o senhor foi eleito: esse homem vai revolucionar a Academia! Agora já vi. Tiveram que respeitar suas raízes nordestinas: cajuada!

— Não, há muitos outros nordestinos na Academia. Eu apenas...

— Apenas, não, apenas, não, é muita modéstia, muita simplicidade. Pode haver muitos outros nordestinos na Academia, mas foi o senhor que chegou lá e falou: nada de chá, comigo é na cajuada. Tem que ter peito, essa eu não vou nunca esquecer. E ainda está pouco ligando para as manchas. Cajuada mancha prata, o senhor sabe.

— Não, não sabia. Mas não tem prata nenhuma, é em copo de vidro mesmo.

— Não, não, desta vez o senhor está enganado. Copo de vidro, não. Ou é prata ou é cristal. Se não é prata, é cristal. É porque o senhor é muito simples, não repara nessas coisas. Mas, de próxima vez, observe se não é cristal. Não é possível um acadêmico ficar bebendo em copo de vidro. Procure observar, depois o senhor me diz se não é cristal.

— Está certo. Mas você mesmo pode verificar isso, pode aparecer na Academia no dia do chá e verificar.

— Eu aparecer? E pode aparecer assim qualquer um na Academia?

— Claro que pode. Apareça lá, diga que veio fazer uma visita e com certeza vai ser bem recebido.

— Mas é muita simplicidade mesmo, dizendo isso só para me agradar. Eu vou fingir que acredito, para não estragar sua cortesia, mas aparecer não apareço, ia ter um desmaio. E é durante ou depois do chá que os imortais se sentam de fardão para falar francês e corrigir o dicionário?

— Não, a gente não vai de fardão. E corrigir dicionário...

— Não vão de fardão? Quer dizer que não foi só na cajuada que o senhor revolucionou a Academia! Também aboliu o fardão, mas é demais, é muita simplicidade, minha senhora vai ficar de queixo caído! Qualquer dia o senhor chega lá de bermuda, impondo sua autenticidade! É de homens como o senhor que o Brasil precisa! Essa eu também vou guardar! De bermuda, corrigindo altos dicionários, é demais, é muita simplicidade!

GRANDEZA E DECADÊNCIA
DA IMORTALIDADE

O SUJEITO FICA um pouco mais velho, pensa que sabe das coisas e descobre, cada vez mais estonteantemente, que não sabe nada. Escrevo isto porque li no jornal que violaram o mausoléu dos imortais da Academia Brasileira de Letras. Como não desconheciam os imortais mortos e não desconhecem os imortais ainda vivos, uma das mais importantes vantagens materiais com que conta o imortal é justamente o mausoléu dos imortais (que não é pago pelo Governo, apresso-me a elucidar). Isto porque o imortal típico, havendo dedicado a vida às letras não de câmbio, costuma morrer sem ter onde cair morto e muito mais sem ter o *cum quibus* necessário para pagar o alto custo do centímetro quadrado do São João Batista, talvez só um ou dois ienes mais barato do que o *korishibum* fiofótico no centro de Tóquio (ou que outro nome tenha a unidade de medida de área japonesa, como sempre fruto da Misteriosa Sabedoria Oriental e melhor do que qualquer coisa nossa).

Devia pasmar-me, mas não me pasmei. Os arrombadores certamente achavam que iam encontrar jóias e pedrarias, esqueletos d'oiro e condecorações cravejadas de rubis. Aqui em casa, eles também pensam que encontram. Não arrombadores, graças a Deus, mas, não graças a Deus, consertadores e prestadores de serviços. Um deles, velho amigo nosso e sempre barateiro, mudou de política, depois de meu ingresso na Academia.

— Agora que o homem foi eleito imortal, não dá mais para cobrar baratinho — disse ele à empregada.

Tenho certeza de que muitos de vocês ficarão surpreendidos e acharão que estou exagerando, para fazer brincadeira. Não estou exagerando. O que lhes conto é a pura verdade, talvez enfeitada por uma hiperbolezinha ali ou acolá, mas a puríssima verdade. E, assim, passo a narrar-lhes algumas das realidades da vida do imortal.

A primeira é que escolares, jornalistas, passantes, garis e, suspeito, até ministros, desembargadores (boa palavra essa, hem? pensem nela de vez em quando) e altos homens da República acreditam que o sujeito realmente não morre, depois que entra para a Academia. Eu, que fui bater numa UTI pouco depois de eleito e sobrevivi (não tanto à condição cardíaca que lá me levou, mas à própria UTI — e já sei que vêm cartas corporativistas por aí, querendo que a gente diga que a UTI é uma beleza e nos transformando em inimigos da pátria porque não concordamos)*, devo ser prova disso. Geralmente é um fã (as fãzas são mais especializadas, limitam-se a discordar ou concordar com nossa aparência em pessoa, geralmente de forma veemente), que nos apresenta ao filho.

— Dá licença, eu sei que o senhor não gosta de ser incomodado e eu não vou incomodar. Mas é que eu estou com meu filho aqui e vi o senhor e não queria deixar passar a oportunidade de apresentar a ele um imortal. Jairinho, meu filho, olhe bem este homem: é um imortal!

— Ah, ha-ha, muito prazer, imortal nada, sou um mortal como qualquer um.

---

* Primeira nota de pé de página pela qual não peço desculpas: se a UTI fosse coisa boa, haveria necessidade de entidades para defendê-la? Mas não adianta dizer isto, porque eles vêm com o exemplo da vacinação, Osvaldo Cruz, não sei o quê. O vírus da varíola foi varrido da face da Terra, pelo menos até o dia em que o dr. Iéltsin precisar de mais dinheiro e quiser vender o estoque da Rússia, senão ele solta. As UTIs continuam dando de quatro a dúzias de mil dólares por dia, cada uma. São um esforço pela vida. Dos donos delas.

— Não, senhor! É um imortal! Olha bem aí, Jairinho, é um imortal! Bebel! Bebel é minha senhora, ela também nunca viu um imortal, só na tevê. Vem cá, Bebel, perde o medo, ele não morde, ele é só imortal!

Depois de Jairinho e Bebel, vêm os dois menorezinhos e Alfredo, o cunhado pernambucano que acha que todo baiano é fresco e só sorri, muito levemente, quando digo que gosto de Ariano Suassuna e meu pai era tiete de Capiba. Ninguém, com exceção de Alfredo, tira os olhos de mim, principalmente Jairinho, assustadíssimo com a minha imortalidade e certamente preferindo a companhia de Freddy Kruger. Asseguro a todos que a imortalidade é uma força de expressão e que cumprirei minha obrigação de morrer vitaliciamente quando a hora chegar, mas não adianta nada, Jairinho e Bebel devem ter pesadelos comigo até hoje. E certamente esperam o filme *À meia-noite o imortal virá buscar tua mesóclise*, com que delirarão de medo e recearão a igual perda de suas síncopes, aféreses e apócopes.

Finalmente, imortal não usa sandália de dedo e sabe o Aurélio de cor. Como sempre, aprendo isto dolorosamente nos botecos do Leblon que insisto em freqüentar. Desde que cheguei por aqui, noto que olham muito para meus pés. Achei uma tara normal. Lá em Itaparica, por exemplo, o pessoal é muito ligado em olhar para uma área das moças que o horário não permite mencionar — por que não pés de escritores no Rio? Cultura é cultura. Mas, não, são minhas sandálias de dedo. Descobri depois (juro a vocês que isto é verdade, não tem nem a hiperbolezinha) que recebi cartas me censurando, tanto de mulheres quanto de homens. E depois que uma senhora, numa esquina da Aristides Spínola, me puxou imperiosamente pelo braço, me fez diversos elogios ríspidos e disse que não se admitia um homem de meu quilate — um imortal! — de sandália de dedo fora do ambiente — e olhe lá! — de meu quarto de dormir.

Dei para ficar muito sensível a olhares de reprovação a meus pés, voltava para casa sempre queixoso. Mas, como só uso sapatos nas duas ou três vezes por ano em que saio dos limites do Leblon, persisti, na esperança de que se acostumassem. Mas me dei mal: nenhum teimoso se dá bem nos botecos do Leblon, ou, pensando bem, em qualquer boteco. Cheguei ao Bracarense, pedi um chope, Benjamim me chamou pelo nome, o companheiro ao lado ouviu.

— É o imortal? — perguntou ele, dando uma olhada de esguelha para meus pés.

— Sou. Quer dizer, acho que sou.

— Acha que é, não; é. Eu sei que tu é imortal, deu no jornal. Tu chegou bem a calhar. Nós estamos tendo uma discussão aqui.

— Ah, é? Eu sou Vasco, ha-ha.

— Não, não é de futebol, não, os intelectualistas pensam que o Brasil é um país essencialmente ludopédico, não assiste razão a vocês, tem brasileiro que não suporta futebol, não sei se tu sabia. Não, não, é uma questão de grafia. Ninguém melhor do que um imortal pra esclarecer isso.

— Não tenho certeza, eu...

— Modéstia, modéstia, é coisa simples, é uma questão de grafia. É o seguinte: "vaisesica" é com esse ou com zê?

— Vai o quê?

— Vaisesica.

— Você podia soletrar para mim?

— Se eu tou pedindo pra me dizer se é com esse ou com zê eu ia poder soletrar? Quer dizer que tu não sabe como é que se escreve "vaisesica"? Se ainda fosse um vocábulo de baixo calão, eu compreenderia. Mas um termo da filosofia hindu, uma palavra...

Desculpei-me, que é que ia fazer, nunca tinha ouvido nem lido esse famoso termo da ainda mais famosa filosofia hindu. Ele foi compreensivo, até atencioso, disse que essas coisas acontecem etc. Mas, ao me afastar, ouvi sua voz comentando o acontecido. Já vira tudo neste mundo e agora também já vira um imortal que não sabia se uma palavra era com esse ou com zê, o que já foi aquela Academia, o que hoje é, tu sacou a sandália dele? *C'est dur, c'est dur d'être immortel.*

⎮ SOBROU PARA MIM

DEPOIS QUE ENTREI para a Academia, tive algumas surpresas a respeito de nós, imortais. A primeira foi meio chata. Foi quando, pouco depois de imortalizado, me deu um treco no coração e fui parar numa UTI. Provou-se cabalmente que o epíteto é só de brincadeirinha e, mesmo que não fosse, já gastei mais da metade de minha imortalidade, somente com essa experiência. A segunda coisa, que já contei aqui, foi que acadêmico tem que saber a grafia e o significado de absolutamente todas as palavras e, quando revela não sabê-los, instala-se um clima de desmoralização. Durante essa última Copa, fui perguntar aos meus colegas de crônica esportiva qual era o gentílico de Camarões (até hoje não sei, esqueci), responderam que o acadêmico ali era eu e me deram uma vaia. Nunca mais perguntei nada e agora só viajo levando o Aurelinho escondido na bagagem de mão.

A terceira coisa é que os acadêmicos são uma espécie de polícia da língua, encarregada de formular regras aterrorizantes e agir como o Santo Ofício contra os que a ofendem. Todo mundo acha que a Academia é um órgão público com essas e outras funções igualmente desagradáveis e que (pelo menos na opinião dos encanadores, gasistas e prestadores de serviço diversos que vêm aqui em casa) os acadêmicos ganham uma graninha esperta para fazer esse trabalho.

A Academia, como qualquer acadêmico lhes dirá, é na verdade um clube. Fechadinho, com prestígio, mas um clube, que só tem as obrigações que impõe a si mesmo e as responsabilidades que aceita. Não pertence ao governo, não é fiscal da língua e, quanto à remuneração, que tampouco vem do governo, o nosso operosíssimo presidente, dr. Josué Montello, assessorado pelo nosso dinâmico tesoureiro, dr. Alberto Venâncio Filho, pretende, em futuro próximo, que o jetom pago por sessão semanal seja suficiente para custear o táxi do imortal que mora longe, como é o meu caso. (Sim e aproveito a oportunidade para dizer que, apesar de muitos acadêmicos gostarem de um uisquezinho, não se serve uísque na hora do chá, nem dr. Josué tem uma garrafinha malocada na gaveta. Sei que não adianta, porque já peguei a fama, mas esclareço mais uma vez que a idéia do uísque não é minha, é do confrade dr. Marcos Vilaça, DD presidente do Tribunal de Contas da União. Admito que me solidarizei com a sugestão, na companhia de muita gente boa, como a confreira dra. Lygia Fagundes Telles — que é também da Academia Paulista e lá rola um uisquezinho —, mas a idéia foi bem-humoradamente ignorada pela nossa maioria discretamente conservadora.)

E, finalmente, agora que o Senado aprovou novo acordo ortográfico, naturalmente sobrou para nós. Ou pelo menos sobrou para mim, segundo minha intensa experiência recente, em botecos e salões, estes poucos, aqueles muitos. Alguns acadêmicos estão envolvidos com esse acordo, mas não a Academia como instituição. Não sei quantos acadêmicos são a favor da nova mudança, mas tenho certeza de que alguns a abominam, entre os quais este que modestamente lhes fala. Contudo, os responsáveis, ao olho público, somos nós. Mais uma vez a tremebunda Academia muda uma porção de coisas na maneira de grafar as palavras e mais uma vez obriga todos, sob as penas da lei, a aprender e empregar uma ruma de novidades.

Desde que me entendo, já peguei não sei quantas reformas (ainda alcancei muitos livros na orthographia antiga, na biblioteca de meu pai). Para que tantas reformas, que só geram confu-

são, prejuízos para muitos e lucro para poucos? Quando aboli-
ram o circunflexo diferencial, eu era editor-chefe de um jornal e
foi uma luta para explicar ao pessoal que a reforma não obrigava
a escrever "voce" em vez de "você". No tempo em que eu era
professor, se indicasse um livro em ortografia um pouco mais
antiga, muitos alunos, que já não eram, como a maior parte dos
brasileiros, esses leitores todos, se queixavam de dificuldades. Meu
também confrade (e compadre) dr. Jorge Amado, que é mais velho do que eu — não em resistência física, mas somente em
idade mesmo —, há muito tempo que ficou de saco cheio disso
e, depois de escrever, manda alguém "botar ou tirar os acentos e
outras frescuras nesse negócio". Amigo de José Aparecido, ele
está provavelmente a favor do acordo, mas a verdade é que para
ele é fácil, porque ele vai continuar se lixando para as novidades.

Como disse o igualmente confrade dr. Antônio Callado,
esse é um assunto detestável. Por que têm que ficar mexendo na
língua? Por que têm que legislar a língua o tempo todo, repetin-
do algo que já se tornou cíclico? Sei que vão dizer que o inglês é
uma língua dominante, não sei o quê, mas ninguém legisla inglês e as normas do bom uso da língua são extraídas dos bons
escritores, através de dicionários privados ou de manuais de redação. Eles nunca precisaram dessa legislação e nunca vão precisar.
Além disso, existem inúmeros "ingleses" pelo mundo afora, cada
um com suas idiossincrasias e todos se entendendo muito bem.
Os ingleses da Inglaterra escrevem com *our* uma porção de palavras que os americanos escrevem com *or* (*labour* — *labor, humour*
— *humor* etc.) e essa é apenas uma das muitas diferenças — uma
das mais espetaculares sendo o gosto inglês de grafar *gaol* a palavra que os americanos grafam *jail*.

Nunca tive dificuldade em entender um livro português, a
não ser quando escrito em gíria ou em linguagem extremamente
regional — mas isso acontece com os próprios portugueses. Morei
em Lisboa, lia os jornais, escrevia para jornais, conversava com
todo mundo e entendia tudo. Um livro meu, escrito em itapa-

riquês, esgotou lá duas tiragens em um mês. A mesma coisa se passa com meus amigos portugueses em relação ao Brasil. Saramago é sucesso de vendas entre nós. Mas temos de mudar, assim como querem mudar a bandeira, o hino e mais tudo o que puder ser mudado, não sei em nome de quê.

Fizeram aí uma estatística e disseram que as mudanças só vão afetar três por cento das palavras escritas. Como a estatística é a arte de mentir com precisão, pergunto se essa porcentagem não será maior em relação, não a todas as palavras da língua, mas às mais usadas. Pode ser que as mais usadas sejam afetadas numa porcentagem bem maior. De qualquer forma, lá se vai gastar grana em dicionário novo, lá se vai jogar CD-ROM fora, lá se vão fazer fotolitos novos, lá vem bagunça novamente, enquanto as mudanças não são assimiladas. E o pior é que, se a História é professora, daqui a alguns anos farão novas mudanças, já é uma tradição. Como Callado, também gosto do meu confrade dr. Antônio Houaiss, mas não gosto nem um pouco das mudanças. E, como Jorge Amado, acho que vou arranjar alguém para botar ou tirar as frescuras indicadas. Tremei, editorias!

O VERBO *FOR*

VESTIBULAR DE VERDADE era no meu tempo. Já estou chegando, ou já cheguei, à altura da vida em que tudo de bom era no meu tempo; meu e dos outros coroas. Acho inadmissível e mesmo chocante (no sentido antigo) um coroa não ser reacionário. Somos uma força histórica de grande valor. Se não agíssemos com o vigor necessário — evidentemente o condizente com a nossa condição provecta —, tudo sairia fora de controle, mais do que já está. O vestibular, é claro, jamais voltará ao que era outrora e talvez até desapareça, mas julgo necessário falar no antigo às novas gerações e lembrá-lo às minhas coevas (ao dicionário outra vez; domingo, dia de exercício).

O vestibular de Direito a que me submeti, na velha Faculdade de Direito da Bahia, tinha só quatro matérias: português, latim, francês ou inglês e sociologia, sendo que esta não constava dos currículos do curso secundário e a gente tinha que se virar por fora. Nada de cruzinhas, múltipla escolha ou matérias que não interessassem diretamente à carreira. Tudo escrito tão ruybarbosianamente quanto possível, com citações decoradas, preferivelmente. Os textos em latim eram *As catilinárias* ou a *Eneida*, dos quais até hoje sei o comecinho.

Havia provas escritas e orais. A escrita já dava nervosismo, da oral muitos nunca se recuperaram inteiramente, pela vida afora. Tirava-se o ponto (sorteava-se o assunto) e partia-se para o martírio, insuperável por qualquer esporte radical desta juventude de hoje. A oral de latim era particularmente espetacular, porque se juntava uma multidão para assistir à *performance* do saudoso mestre de Direito Romano Evandro Baltazar de Silveira. Franzino, sempre de colete e olhar vulpino (dicionário, dicionário), o mestre não perdoava.

— Traduza aí *quousque tandem, Catilina, patientia nostra* — dizia ele ao entanguido vestibulando.

— "Catilina, quanta paciência tens?" — retrucava o infeliz.

Era o bastante para o mestre se levantar, pôr as mãos sobre o estômago, olhar para a platéia como quem pede solidariedade e dar uma carreirinha em direção à porta da sala.

— Ai, minha barriga! — exclamava ele. — Deus, oh Deus, que fiz eu para ouvir tamanha asnice? Que pecados cometi, que ofensas Vos dirigi? Salvai essa alma de alimária, Senhor meu Pai!

Pode-se imaginar o resto do exame. Um amigo meu, que por sinal passou, chegou a enfiar, sem sentir, as unhas nas palmas das mãos, quando o mestre sentiu duas dores de barriga seguidas, na sua prova oral. Comigo, a coisa foi um pouco melhor, eu falava um latinzinho e ele me deu seis, nota do mais alto coturno em seu elenco.

O maior público das provas orais era o que já tinha ouvido falar alguma coisa do candidato e vinha vê-lo "dar um *show*". Eu dei *show* de português e inglês. O de português até que foi moleza, em certo sentido. O professor José Lima, de pé e tomando um cafezinho, me dirigiu as seguintes palavras aladas:

— Dou-lhe dez, se o senhor me disser qual é o sujeito da primeira oração do Hino Nacional!

— As margens plácidas — respondi instantaneamente e o mestre quase deixa cair a xícara.

— Por que não é indeterminado, "ouviram etc."?

— Porque o "as" de "as margens plácidas" não é craseado. Quem ouviu foram as margens plácidas. É uma anástrofe, entre as muitas que existem no Hino. "Nem teme quem te adora a própria morte": sujeito: "quem te adora". Se pusermos na ordem direta...

— Chega! — berrou ele. — Dez! Vá para a glória! A Bahia será sempre a Bahia!

Quis o irônico destino, uns anos mais tarde, que eu fosse professor da Escola de Administração da Universidade Federal da Bahia e me designassem para a banca de português, com prova oral e tudo. Eu tinha fama de professor carrasco, que até hoje considero injustíssima, e ficava muito incomodado com aqueles rapazes e moças pálidos e trêmulos diante de mim. Uma bela vez, chegou um sem o menor sinal de nervosismo, muito elegante, paletó, gravata e abotoaduras vistosas. A prova oral era bestíssima. Mandava-se o candidato ler umas dez linhas em voz alta (sim, porque alguns não sabiam ler) e depois se perguntava o que queria dizer uma palavra trivial ou outra, qual era o plural de outra e assim por diante. Esse mal sabia ler, mas não perdia a pose. Não acertou a responder nada. Então, eu, carrasco fictício, peguei no texto uma frase em que a palavra "for" tanto podia ser do verbo "ser" quanto do verbo "ir". Pronto, pensei. Se ele distinguir qual é o verbo, considero-o um gênio, dou quatro, ele passa e seja o que Deus quiser.

— Esse "for" aí, que verbo é esse?

Ele considerou a frase longamente, como se eu estivesse pedindo que resolvesse a quadratura do círculo, depois ajeitou as abotoaduras e me encarou sorridente.

— Verbo for.

— Verbo o quê?

— Verbo for.

— Conjugue aí o presente do indicativo desse verbo.

— Eu fonho, tu fões, ele fõe — recitou ele, impávido. — Nós fomos, vós fondes, eles fõem.

Não, dessa vez ele não passou. Mas, se perseverou, deve ter acabado passando e hoje há de estar num posto qualquer do Ministério da Administração ou na equipe econômica, ou ainda aposentado como marajá, ou as três coisas. Vestibular, no meu tempo, era muito mais divertido do que hoje e, nos dias que correm, devidamente diplomado, ele deve estar fondo para quebrar. Fões tu? Com quase toda a certeza, não. Eu tampouco fonho. Mas ele fõe.

VIDA DE ARTISTA

O LEBLON DEVE TER mais escritores por metro quadrado do que qualquer outro bairro do Rio de Janeiro, é uma fartura. Diante disso, um a mais ou a menos não faz muita diferença. Mas, por algum motivo que me escapa à compreensão, o bairro se orgulha em abrigar escritores, de forma que, embora nos termos modestos que o caso recomenda, minha chegada, faz alguns meses, não deixou de ser notada.

O português do boteco da Dias Ferreira foi o primeiro a manifestar-se. Reteve um instante as notas do troco que me entregava, aproximou o rosto do meu e me perguntou, quase cochichando:

— Escritor, pois não?

— Como? Sim, sim. Escritor.

— Ah! — fez ele, inclinando-se para trás e me dando uma olhada de avaliação.

Apesar de a cara não ajudar, a situação exigia profissionalismo, de maneira que estampei o meu melhor sorriso de escritor, enquanto ele, ainda segurando o troco como se não quisesse deixar-me sair, falava com os dois mecânicos que tomavam cafezinho ao lado.

— Escritor. Não é aquele da Venâncio Flores, é outro. Escritor.

Os mecânicos me estenderam as mãos, cumprimentamonos, um deles me deu parabéns com uma reverência de cabeça, o português soltou o troco e, até hoje, a glória de quarteirão eleva, honra e consola, quando passo pela porta do boteco e o português sussurra ao freguês mais próximo:

— Escritor!

Sei que corro o risco de parecer gabola, mas a verdade é que minha fama já não se limita à Dias Ferreira. Espraia-se por todo o Baixo, com a natural exceção do pessoal do sereno da Wells Fargo. Sou escritor no açougue, no banco, na *delikatessen*, na locadora de vídeo e na Cobal. Alguns já me saúdam pelo nome, ou pelo menos tentam. Vou andando pela Ataulfo de Paiva e um gordo simpático grita de dentro de um restaurante:

— Oliveira! Graaande escritor!

— Olá, tudo bem? — digo eu, sabendo que ninguém é perfeito, a felicidade não pode ser completa e o que vale é a intenção.

Naturalmente que toda essa fama traz responsabilidades. Não posso decepcionar o público e tenho de cuidar da imagem. Isto mesmo comento, ao encontrar-me com outro escritor leblonense, este não só muito bom como dotado de uma excelente cara de escritor, embora ele insista em esconder parte dela sob óculos escuros japoneses e bonés franceses. Peço conselhos.

— Você viu como está o Vasco? — responde ele, como se não tivesse ouvido nada. — Você viu como o Bebeto jogou? A Bahia de vez em quando dá uma coisa boa. Jorge Amado, Caetano, Bebeto...

— Zé Rubem, veja as coisas com seriedade. Estamos numa livraria, o pessoal todo já reconheceu a gente. Eles devem estar pensando "olha lá os dois escritores ali conversando, deve ser um alto papo de escritores, prosa elevadíssima", e a gente aqui discutindo futebol?

— Então a gente fala baixo.

— Não, porque com futebol nós dois nos exaltamos. Você sabe que não tem base para falar com autoridade em futebol, você teima numa porção de coisas que não sabe. Por exemplo, sua escalação do time do Vasco em 1949 está errada, mas você teima. Eu me lembro perfeitamente, era...

— Friaça jogou! Friaça jogou! Você não sabe, você era um fedelho! Aliás, ainda é, ainda é! Você pode me ensinar a fazer moqueca, mas futebol você não me ensina!

— Já viu você como a gente grita? Não, futebol não é assunto sério para escritores sérios. Eles vão ficar muito decepcionados.

— Você tem razão, não podemos sair por aí decepcionando as pessoas, não é cristão. Vamos corrigir isso, vamos...

— Era isso que eu queria dizer. Vamos...

— ...dar o fora daqui imediatamente e resolver esta questão do Vasco lá na praça — disse ele, me puxando pelo braço. — Você não entende nada nem de futebol nem de vida literária.

ESTA VIDA DE *GRIFFE*

NÃO SEI SE VOCÊS SABIAM, mas eu sou *griffe*. Incrível, porém verdadeiro. Eu mesmo também não sabia, só soube há alguns meses. O jornal me comunicou, no dia em que me pediu uma colaboração extra.

— É o seguinte — disse um dos meus numerosos superiores hierárquicos. — Estamos organizando um caderno especial e cada uma de nossas *griffes* vai escrever um artigo para ele. Então nós queremos que você...

— Eu? Como assim, *griffe*?

— *Griffe, griffe!* É uma palavra francesa. A França é um país que fica... Deixa pra lá, tudo bem, *griffe*, gê-erre-i... Ah, desculpe, esqueci que para você é diferente. Um momento, vou chamar um intérprete.

— Guê-rê-i-fê-fê-é — soletrou o intérprete, momentos depois, traduzindo para baianês o incompreensível alfabeto do resto do país, absurdo que continua a vigorar, quando todo mundo sabe que o certo, por exemplo, é pê-fê-lê e não o bucodestroncante pê-éfe-éle.

Depois desse salvatério, o telefonador me explicou, com grande paciência, o que queria dizer, ao atribuir-me a condição de *griffe*. Não entendi direito e cheguei a pensar que, no futuro, poriam meu nome nos fundilhos de calças, bermudas e, com alguma sorte, calçolas*. Até hoje não sei bem o que *griffe* quer

---

* Já expliquei aqui que a palavra certa para "calcinha" é calçola, de uso ainda

dizer em relação a jornal, mas, pelo tom de voz daquele que me fez a revelação, creio que é uma distinção elevada. E devo confessar que — *vanity, thy name is writer* — fiquei satisfeitíssimo e pensei mesmo em comunicar o fato a meus pares (meus ímpares, aliás, eis que lá todo mundo sabe tudo muito mais do que eu), numa sessão da Academia, mas uma crise de modéstia me impediu. Não contei nada nem à minha turma de boteco, achei que podia ser mal interpretado — ninguém fica tomando chope e dizendo que é *griffe*.

O engraçado é que, a partir daquele dia, qual bola de neve, minha *griffe* começou a crescer. Em São Paulo (parêntese paulista: alguns cariocas estranham, mas eu adoro São Paulo, que sempre me tratou bem melhor do que mereço. Me perco de cinco em cinco minutos, mas há sempre um paulista amigo para cuidar de mim e uma turma de paulistas amicíssimos para almoçar comigo, esplendidamente, durante umas três ou quatro horas de cada vez todos os dias, grande São Paulo!), em São Paulo, dizia eu, inauguraram a Livraria Ubaldo, vejam vocês. Convidado para a solenidade, compareci emocionado e espero que a livraria esteja muito bem, mandem notícias.

Pouco tempo depois, estive na Bahia, onde o imbatível jornal *A Tarde* publica esta coluna. Fui fazer uma palestra, à qual compareceu meu professor e amigo Jorge Calmon, na ocasião ainda diretor da *Tarde*. No final, ele veio falar comigo, batemos um papinho curto sobre os velhos tempos e ele, sempre um fidalgo, me cumprimentou pelas crônicas.

— É — disse eu, ansioso por me exibir junto aos conterrâneos em redor. — Lá no Sul, eu sou *griffe*.

— Mas aqui também! Você é *griffe* nossa, com chamada na primeira página todos os domingos!

---

corrente, entre as baianas não-colonizadas. Como a memória da brasileira é curta, vejo-me forçado a esta nota de pé de página. Calçolas de todo o Brasil, uni-vos na defesa de nossa cultura!

— Fico muito contente, mestre. Nada como ser *griffe* em nossa própria terra.

— Pois é! Você sabe que, depois que passamos a publicar sua coluna, a circulação subiu oito por cento?

— Quero minha parte em dinheiro — disse eu.

— Está um lindo dia hoje, não é verdade? — disse ele.

Não cessou aí a expansão de minha *griffe*. Faz poucos dias, o intimorato empresário da cultura Emílio Bruno me telefonou, dizendo que estava mandando um carro me apanhar em casa. Fui apanhado e o rapaz que dirigia o carro não quis adiantar nada sobre a surpresa que me haviam reservado. Lá chegado eu, o Bruno me conduziu numa turnê da livraria que ele estava abrindo nos dias seguintes, em Ipanema. Livraria não, espaço cultural, negócio grande, onde pretende promover eventos o ano todo. E aí, depois de mais um pouco de suspense, ele me levou ao cantinho onde se localiza — adivinharam — nada mais nada menos que o charmoso Café Ubaldo! Agora sou nome de café, em breve namorados e amantes dirão "encontro você às oito, no Café Ubaldo", a que glória maior pode aspirar-se?

— E tem mais — declamou Bruno, com dramaticidade calabresa. — Ali, naquela prateleira, vai haver sempre uma garrafa de uísque com seu nome, exclusivamente para você! Todos os dias, 24 horas por dia!

— *Te voglio bene* — disse eu, os olhos marejando.

Retornado à casa, ufano e de peito empinado, dirigi-me ao renomado boteco Tio Sam — pernil incomparável, rabadinha com agrião *cordon-bleu* —, para comemorar com alguns amigos. Adentrei, encontrei meus co-botecanos de sempre e também o bravo luso Chico, proprietário e gerente do estabelecimento.

— Bons olhos o vejam — disse ele. — Já estava preocupado, achei que não vinha mais hoje, até pensei em telefonar, para saber o que se passava.

— Ora, Chico, você sabe que todo dia eu venho aqui, nem que seja para dar bom-dia.

— Mas, é claro que sei, emboramente, Deus seja louvado, nunca somente para dar bom-dia. O senhor não pode deixar de vir, o senhor é *griffe* da casa!

Meu cansado coração de artista sentiu um baque. Agora, *griffe* do Tio Sam! Que fizera eu, para merecer consagração tão avassaladora, uma honraria atrás da outra? Alguém lá em cima gosta de mim, sou obrigado a concluir. Diante de tudo isso, claro que não posso ignorar as oportunidades abertas. Por enquanto, o uso de minha *griffe* sai barato ou de graça, respectivamente para jornais e botecos do meu coração. Mas doravante as coisas vão mudar, este mundo é muito incerto e não se pode bobear, escritor ganha pouco e o conselheiro come. Examino propostas. Óculos, sandálias de dedo, pentes para bigode, xampus para carecas, copos Ubaldo? Claro, o céu é o limite. *Sorry*, periferia.

INVADENTI, INVADENTI

ELES ESTÃO EM TODA PARTE, mas a palavra italiana para designá-los me parece a mais expressiva. Alguns dos sinônimos brasileiros, cujo número deve ir bem além de uma dezena, são também muito bons, notadamente os chulos. *Invadente*, contudo, é o único que para mim evoca todo o terror sem limites infligido por essas figuras assombrosas, que atacam sem avisar e surgem nas ocasiões e lugares mais inesperados. Os piores, é claro, são os que sitiam cantores e atores, mas os escritores também não sofrem pouco.

Agora mesmo, enquanto escrevo isto, estou em prisão domiciliar. Moro num pequeno edifício de apartamentos cuja área térrea é aberta, de modo que quem estiver em qualquer das ruas que formam a esquina pode ver quem entra ou sai. Ontem, inconformado com a minha honesta explicação de que estava ocupadíssimo e não podia interromper o trabalho sob pena de tudo desandar, ele ficou de plantão lá embaixo. Felizmente, minha mulher saiu antes que me ocorresse a idéia fatídica de sair também e, apesar de ele estar meio embuçado, de chapéu e grandes óculos escuros, logo o reconheceu, por sua barbicha inconfundível. Com a eficiência que lhe conferem muitos anos de prática, ela disse que eu não estava e provavelmente não voltaria para almoçar. Em seguida, fingiu que tinha esquecido alguma coisa e subiu para me avisar. Se tocassem a campainha, eu devia manter um silêncio pétreo, porque ele é capaz, como já fez outras vezes, de tocar a campainha por uns cinco a dez minutos, e depois ficar no vestíbulo, numa espécie de tocaia. Hoje ele ainda não deu sinal de vida, mas, em vez de aliviar-me, isto me deixa mais inquieto. Manda a prudência não aparecer lá fora.

Anteontem, ele conseguiu entrar aqui em casa. Minha mulher, mais uma vez, me salvou de um destino pior do que a morte, através de uma série de manobras magistrais, que possibilitaram que eu conseguisse me esconder num quarto, onde fiquei quase meia hora, enquanto ele reclamava da dificuldade em ver-me. Só queria quinze minutos de meu tempo, será que eu não estava em casa mesmo — ele podia correr a casa, para ver se me achava? Ela perdeu um pouco a paciência e disse que, se ele não tinha mais nada a falar, por favor fosse embora. Ele foi, mas aí retornou à carga, como já contei.

Sei que vou perder esta. Uma das características universais dos invadentes é que eles não desistem. Os raros que são derrotados ficam nossos inimigos mortais pelo resto da vida, como já me aconteceu e continua acontecendo. Os que vencem ficam nossos amigos íntimos em pouco mais de trinta segundos, chamam nossas mulheres por um apelido familiar, falam coisas como "você sabe que, entre nós, esse problema não existe", convidam-se para almoçar e bisbilhotam nosso trabalho. E, embora ainda alimente uma murcha esperançazinha em contrário, estou seguro de que, hoje ou amanhã, acabarei na companhia dele, bendizendo os céus por não ter revólver em casa.

As vítimas dos invadentes não podem ter armas ao alcance da mão. Eu, que enfrento problemas morais quando tenho de matar um inseto, talvez já tivesse me tornado um homicida há algum tempo. Como no dia em que um deles chegou a minha casa em Itaparica, numa hora em que eu estava dormindo. Informado disto pela empregada, ele ordenou que me acordassem. Tinha viajado muito para falar comigo sobre uma coisa importantíssima e dispunha de pouco tempo na ilha, não podia ficar esperando. A empregada se recusou e ele, depois de insistir até que ela se exasperou e lhe bateu o portão na cara, veio para baixo de minha janela e começou a gritar. Sei que podem pensar que minto ou exagero, mas nem minto nem exagero. Ele veio gritar debaixo de minha janela.

— Acorda, escritor! Escritor! Acorda, escritor! Isso é hora de dormir? Acorda, o sol está brilhando, o dia está lindo! Alô! Alô, alô! Vamos acordar! Sai dessa cama, sô, eu preciso lhe falar, é importante mas é rápido, depois você volta pra sua cama! Acorda! Alô, alô, uluru-uluru, quereré-quereré, té-té-té-té-tó-tó-tá-tá, toque de alvorada! Alvorada! Acorda! Acorda, escritor! Alô, alô, alô! Eu sei que você está aí, não adianta se esconder! Acorda! Té-té-té-té! Té-té-té-té!

A janela era baixinha e as mãos em concha que ele usava para fazer reverberar sua zurraria junto às persianas tinham tal efeito que acordei com a certeza de que me haviam soprado uma tuba ao pé do ouvido. Sobressaltado, fiquei sentado na cama algum tempo, enquanto os gritos aumentavam em quantidade e variedade. Que fazer numa situação destas, chamar a polícia? Melhor enfrentar o destino e abrir a janela.

Diante de mim, um senhor de boné, mostrando os dentes num sorriso alvar, como se não tivesse estado berrando como um possesso havia segundos. Então era eu mesmo? Eu mesmo em pessoa? Mas era uma satisfação enorme me conhecer pessoalmente, uma das ocasiões mais felizes de sua vida. Que eu desculpasse a gritaria, mas ele sabia, pelas minhas crônicas, do meu temperamento folgazão, sempre disposto a uma boa brincadeira. E, além disso, era uma questão importantíssima, muito importante mesmo, pelo menos para ele. Ia pegar o avião para o Rio daí a algumas horas e tinha que cuidar desse assunto. Muito bem, que importantíssima questão era essa?

— O seguinte — disse ele, com um sorriso ainda mais pacóvio do que o anterior. — Eu não podia voltar para o Rio e dizer a minha senhora que tinha passado aqui por este fim de mundo onde nunca mais vou pôr os pés, sem ter apertado sua mão. Minha senhora também é sua grande admiradora, ela não ia me perdoar. Venha de lá, é uma grande honra!

As secretárias eletrônicas, que considero antipáticas, embora essenciais à sobrevivência, ajudam um pouco, mas às vezes falham cruelmente. A minha não tem um dispositivo para limitar o tempo do recado, ou seja, o telefonador pode falar até o limite de duração da fita, que é de meia hora. Achei que a ausência de limite de tempo amenizaria a frieza da máquina. Continuo achando, mas agora não quero mais saber de máquinas amenizadas. Sim, sim, sei que cada vez mais posso passar por mentiroso, mas houve quem já falasse, inclusive lendo poemas e trechos de prosa, durante toda a duração da fita.

E, agora que já me conformei em arriscar-me a ser tido como pouco fiel à verdade, posso contar que uma vez, ainda em Itaparica, fui perseguido dias a fio por um rapaz que fazia cabriolas à minha frente, enquanto eu caminhava. Se eu parava, ele passava a fazer discursos políticos, em que citava trechos enormes de meus livros. Eu voltava a andar, ele voltava às cabriolas alguns passos à frente, como uma espécie de saltimbanco-arauto. Cheguei a pensar que terminaria por acostumar-me àquela companhia, como os bichos de curral se acostumam às moscas em torno de suas cabeças. Mas ele sumiu, tão repentinamente quanto aparecera. Depois eu soube, embora não tenha entendido direito, que ele fazia aquilo porque uma vez, não sei onde, me convidara para sua mesa e eu recusei.

Neste momento, minha mulher desce para ir ao supermercado e aguardo ansioso seu relatório sobre a situação lá embaixo. Ela volta, diz que não o viu. Com a alegria exultante dos que recuperam a liberdade perdida, comunico que vou descer para dar uma volta na praça. Ela me pede que espere um pouco. Tem que sair outra vez e é preciso que alguém fique em casa para receber as compras, que serão entregues daqui a pouco. Sai, espero alguns minutos, toca a campainha da porta de serviço. Deve ser o entregador do supermercado. Mas não se pode baixar a

guarda e espio cautelosamente pelo olho mágico. Meio pe-
numbroso, lá fora. Vejo um sujeito cujas feições não posso distinguir bem. Mas carrega um pacote à altura do peito e, Deus
seja louvado, não tem barba. Portanto, é o entregador. Abro a
porta, não é o entregador.

— Olá! — diz o ex-barbicha, entrando imediatamente. —
Parece que raspar a barba me deu sorte, finalmente encontro você
em casa! Este pacote aqui são uns originais que eu trouxe para
você ler, é coisa rápida, não vai lhe tomar tempo nenhum, você
vai adorar. A gente vê tudo enquanto toma um drinque, finalmente a gente tem essa alegria de se encontrar para um papo, um
drinquezinho... Este daqui é um poema em prosa, título provi-
sório "Retalhos do mim enquanto eu", acho que com isso eu...
Retalhos do mim enquanto eu, sentiu, eu acho que essa substan-
ficação do pronome oblíquo, sentiu, em contraposição à objetifi-
cação do nominativo, sentiu, é rápido, você lê aqui, fique à vontade, isto aqui é a sua cara, parece que foi você que escreveu,
sentiu, você vai adorar, é o tipo da coisa que você adora, eu...

O CONSELHEIRO COME — I

QUANDO EU ERA ESTUDANTE em Salvador, tinha sempre um colega ou professor especialista em histórias sobre Ruy Barbosa, a maior parte delas com certeza inventada. Não pode ser verdadeira, por exemplo, a anedota segundo a qual ele chegou a Londres e publicou um anúncio no *Times*: "Ensina-se inglês aos ingleses". Também não boto muita fé em que ele se distraía arrolando dezenas de sinônimos para "chicote" ou "prostituta", embora até hoje existam muitos conterrâneos meus que se aborrecem com quem desmente essas e outras alegações.

Mas há histórias sobre ele em que acredito. Uma delas, aliás, nem o tem como protagonista, mas, sim, sua mulher. Dizem que, procurado para dar um parecer ou realizar um trabalho qualquer, Ruy Barbosa, como acontece com muitos intelectuais, não costumava puxar o assunto do pagamento. E contam que, depois de ver o marido explorado com freqüência, a mulher dele chamava o visitante para uma conversinha, na saída. Perguntava se tinham acertado alguma remuneração e, como a resposta era quase sempre negativa, ela, delicadamente, pedia ao visitante que voltasse e combinasse um pagamento.

— O conselheiro come... — explicava ela.

Pois é, o conselheiro comia. E eu, apesar de não ser nem conselheiro nem Águia de Haia, também como. Mas creio que há muita gente que acha que escritores, de modo geral, não comem, nem precisam de dinheiro ou tempo para nada. Como tudo mais, deve ser culpa da imprensa, que costuma falar em escritores de *best-sellers* internacionais, os quais ganham dois milhões de dólares por mês, papam nove entre cada dez estrelas de cinema e têm vastas coleções de carros e relógios de luxo. A verdade, ai de nós, é que a maior parte dos escritores, não só aqui como no mundo todo, tem que se virar de várias formas para conseguir viver modestamente.

Acho que foi o Paulo Francis que se queixou, já faz algum tempo, do volume de trabalho de graça que aqui esperam dele. Agora me queixo eu. O Brasil, me parece, é campeão nesse tipo de prática. As pessoas esperam que o escritor trabalhe de graça o tempo todo e ficam grandemente ofendidas quando ele se recusa. Há poucos dias, um grupo de estudantes universitários passou para mim a tarefa que lhes tinha sido incumbida pelo seu professor de literatura brasileira e, como eu não concordei em fazer o trabalho por eles, ficaram aborrecidíssimos e só faltaram xingar toda a minha árvore genealógica. Para não falar que, mesmo que eu quisesse fazer o trabalho, não saberia responder a perguntas do tipo "como caracterizar sua inserção no contexto da literatura brasileira pós-moderna".

As encomendas de trabalhos escolares aparecem mais ou menos a cada mês. Já originais de livros para meu exame chegam todos os dias. A impressão que tenho é que a maior parte dos autores deseja que eu largue tudo o que estiver fazendo, leia sofregamente os originais, adore tudo, escreva um prefácio arrebatado e edite o livro — após o que ele passará a ganhar dois milhões de dólares por mês, a papar nove em cada dez estrelas de cinema e, enfim, viver essa vidinha de escritor. E, na verdade, a pessoa não quer uma opinião sincera, como sempre alega. Quer, o que, aliás, é natural, receber a confirmação de seu talento. Mas, se eu fosse ler todos os originais que me surgem, não faria outra coisa na vida. Além disso, tenho muito pudor de dar opinião sobre o trabalho alheio, não me acho qualificado. E fico sem graça e me sentindo culpado porque não posso ler os originais. Não é justo, pois não posso mesmo, mas é o que acontece.

Entrevista é outro trabalho de lascar. Parece-me que a entrevista devia ser destinada a obter informações que ainda não tenham sido tornadas públicas. Por exemplo, todo mundo que já ouviu falar em mim sabe que eu sou baiano e moro no Rio. Contudo, a esmagadora maioria dos entrevistadores começa perguntando onde eu nasci e se ainda moro em Itaparica. Uma repórter iniciou sua entrevista perguntando se eu era escritor. As perguntas são invariavelmente as mesmas e podiam ser respondidas com uma olhada nos arquivos do jornal ou revista, mas eu tenho de dar a entrevista e, novamente, trabalhar de graça. Não agüento mais contar que livros publiquei, que gosto de escrever de manhã, que aprendi inglês quando era menino, que nasci em Itaparica e passei a infância em Sergipe etc. etc. etc.

No caso da televisão costuma ser pior. Todo mundo que trabalha em televisão, aqui neste país onde ela é das coisas mais importantes que existem, se acha o máximo porque trabalha na televisão. A síndrome de Bozó, do Chico Anysio, assume várias formas. Os seguranças tratam a gente como lixo, devendo dar-se por felicíssima por ter a chance de aparecer na tevê. Para trabalhar de graça, a gente tem de comparecer ao estúdio, identificar-se, botar crachá, ficar esperando e obedecer a ordens estranhas, tais como não olhar para a pessoa com quem se está falando, mas para a câmera. Uma vez me fecharam num cubículo durante um tempo interminável e aí, amedrontado, fugi. De vez em quando, alguém fica indignado porque uso óculos e dá reflexo, ou porque sou careca e também dá reflexo, quase me obrigando a pedir desculpas por existir.

O interessante é que, se o camarada é amigo do dono do armazém ou da quitanda, não lhe ocorre pedir para fazer a feira da semana de graça. Afinal, trata-se de um negócio, sobrevive-se daquilo. O escritor e o jornalista também sobrevivem de seu trabalho, mas parece que ninguém acredita nisso. Volta e meia

sou levado a crer, pelo jeito imperioso com que freqüentemente
me intimam a trabalhar de graça, que acham que recebo um
estipêndio do governo para exercer essas funções. Quando, certa
feita, aceitei pagamento para escrever e assinar um anúncio, caí-
ram de pau em cima de mim e dos outros que toparam o mesmo serviço, como se tivéssemos vendido nossas santas e puras
almas ao diabo. Sei que talvez fizesse muito melhor figura de
escritor se vivesse bebum, esmolambado e tomando uns trocados emprestados aqui e ali. Mas, infelizmente, me falta vocação,
devo ser um falso escritor, nem milionário nem miserável.

O CONSELHEIRO COME — II

No RELACIONAMENTO com o público, escritores e jornalistas não são como atores ou cantores. Estes sentem de pronto, pelo aplauso ou pela vaia, se agradaram ou não. Aqueles só de vez em quando sabem se o que publicaram foi bem recebido pelos leitores, através de uma eventual carta ou encontro casual. Assim mesmo, quando a reação é negativa, as pessoas geralmente evitam revelá-la diretamente. Aplaudir ou vaiar é mais fácil, porque se trata de um comportamento grupal. Já chegar individualmente ao infeliz escrevinhador e jogar-lhe na cara que o que ele cometeu é ruim fica mais difícil.

Creio, contudo, ser uma exceção, pelo menos parcial, porque tenho críticos severos, alguns deles meus amigos, como o taxista Carlão, exemplar profissional do volante que faz ponto no Jardim Botânico. De modo geral, Carlão gosta do que eu escrevo aqui, mas, de vez em quando, sem muita sutileza, mas amistosamente, opina que "aquela do domingo passado estava meio chata", ou me diz que eu devia estar com azia, no dia em que escrevi isso ou aquilo. Um senhor esguio e de porte altivo, geralmente demonstrando estar com umas duas talagadas no juízo, de vez em quando me detém, ao nos toparmos na rua, para apertar minha mão e cumprimentar-me vivamente. Em compensação, há dias, embora raros, em que apenas me acena de longe e grita:

— Olha aí, a de hoje estava uma desgraça! Foi você mesmo que escreveu? Olha o nível, atenção!

Rio amarelo, prometo tentar caprichar na próxima. Raciocino que, se o sujeito gasta seu dinheiro para comprar o jornal, tem o direito de criticar a mercadoria. Que é que vou fazer, quem sai na chuva é para se molhar e, afinal, estamos numa democracia e a livre manifestação da opinião é sagrada. Não vou ser hipócrita e dizer que não gosto de elogio e não me chateio com críticas negativas, mas faço um sincero esforço para me comportar com a elegância possível, tanto num caso quanto no outro.

E, quando uma crônica ou artigo dá, digamos assim, ibope, sinto uma espécie de felicidade secreta, entre cartas de aprovação, faxes (precisamos resolver esse plural de fax, palavra que o Aurélio ainda não registra; já que sou o caçulinha, vou perguntar aos mais velhos, lá na Academia) entusiásticos, aplausos em botecos e outras demonstrações. E os ibopes mais altos muitas vezes são uma surpresa completa para mim. Foi o que aconteceu com uma crônica (ou artigo, sei lá; vou também perguntar sobre isso na Academia), publicada há uns dois ou três domingos, em que eu, mencionando a preocupação da mulher do conselheiro Ruy Barbosa com que pagassem pelo trabalho de seu marido, comentava como querem que escritores e similares trabalhem de graça, aqui no Brasil.

Meninos, só vocês vendo. Até hoje chegam mensagens de solidariedade e não somente de escritores e jornalistas, mas de todo tipo de profissional, o que parece indicar que há mais sopeiros e folgados entre nós do que suspeitamos à primeira vista. Jorge Amado, ainda hospitalizado, mandou transmitir calorosas felicitações e afirmou que, doravante, vai enviar minha crônica a todo mundo que lhe pedir para trabalhar de graça — ou seja, algumas centenas, ou milhares, de caras-de-pau. O festejado romancista Antônio Torres me telefonou, para, com a voz embargada de entusiasmo condoreiro, fazer um discurso de aprovação. A bela e também festejada escritora Ana Maria Machado fez a mesma coisa. E mais outros, que os neurônios que já não disparam deletaram (não é assim que se diz, hoje em dia?) da minha pobre memória.

Dois médicos, igualmente indignados, me mandaram cartas, contando como são praticamente forçados a dar consultas grátis. Um deles, cardiologista, deu para variar seus horários de calçadão. Andava de manhãzinha, mas a "clientela" aumentou tanto que ele não podia mais andar, pois tinha de parar a cada minuto, para tomar o pulso de um, receitar um vasodilatador para outro e ouvir sem acreditar um sujeito lhe pedir para levar o estetoscópio e o esfigmomanômetro (medidor de pressão arterial; desculpem o palavrão, mas o Aurélio diz que tensiômetro está em desuso) para a praia, a fim de melhor servir a seus pacientes. O outro não atende mais telefone, porque, na quase totalidade dos casos, do outro lado da linha está um consulente aflito, querendo só o nome de um remedinho para o pâncreas, ou para o fígado, ou para frieira no dedão.

Um pintor, que preferiu não se identificar, disse por fax que não agüenta mais os pedidos de quadros de presente, com promessas de pendurá-los em local de destaque. Também se queixou de que vivem lhe mandando listas de presentes de casamento em que se comunica que se espera dele um ou dois quadros. Chico Simões, o filosófico (escola estóico-pragmática) proprietário lusitano do celebrado boteco Tio Sam — onde o general Figueiredo inaugurou outro dia a mesa presidencial, com um frugal almoço de carne-seca desfiada, tutu, couve picadinha e pudim de leite —, já perdeu a conta dos fregueses que acham pagar uma formalidade desnecessária. Ele pendurou um quadro-negro com os nomes dos que preferiram desaparecer a pagar ("temos saudades de Fulano, Sicrano e Beltrano", lê-se no quadro, mas o pessoal não se sensibiliza). É a vida, filosofa Chico.

Enfim, fiz grande sucesso. Exceto, é claro, entre a minha clientela de trabalho gratuito, que continua firme. Na semana

passada, houve dias em que recebi quatro ou cinco solicitações.
Tive que aceitar umas duas, pois era isso ou abater o solicitante a
tiros. Bem, é a vida, filosofo eu.

O CONSELHEIRO COME — III

PARA QUEM NÃO SABE ou não se recorda, tenho que explicar. Já escrevi aqui duas vezes a respeito de como a mulher de Ruy Barbosa (sei que a norma culta agora manda usar *i*, mas, se eu grafar "Rui", corro o risco de ser linchado na Bahia), ao perceber que não teria ocorrido a seu marido estabelecer preço para os serviços que lhe confiavam, chamava o freguês e observava discretamente que ele tinha de pagar pelo trabalho.

— O conselheiro come... — lembrava ela.

O conselheiro, que por sinal passou dos setentinha, façanha digna de nota em sua época, deve ter sempre comido adequadamente. Mas, metaforizando-o para os dias de hoje, está cada vez mais difícil o conselheiro comer. Nós, brasileiros, costumamos conceber o trabalho intelectual ou artístico como algo que devia ser pago pelo governo, ou qualquer coisa assim, ou então não devia ser pago de forma nenhuma. Na verdade, creio mesmo que há uma conspiração em andamento para acabar com o trabalho intelectual, obrigando os nefelibatas que se dedicam a ele a procurar coisas mais sérias para fazer, como construir prédios auto-implosivos na Barra da Tijuca.

Lemos que Bill Gates, dono de 20 por cento da Microsoft, é o homem mais rico do mundo e sua empresa vale mais do que as economias de muitos países. Mas o patrimônio de sua empresa não é físico. É intelectual, está no que produzem as cabeças a que ele paga (bem) para pensarem para ele. Em todo o mundo, sabe-se que o capital do presente é o conhecimento. E se investe prioritariamente em educação, pesquisa e cultura em geral. Mas aqui, não. Aqui, a começar pelos professores de todos os níveis, educação chega a parecer um luxo e os profissionais que se dedicam a ela recebem às vezes salários que seriam considerados insultuosos como esmola no Buraco Negro de Calcutá.

Não passa pela cabeça de ninguém, porque é amigo do dono da padaria, pedir-lhe fornecimento gratuito de pão, bolo ou café. Mas, se a mercadoria não é propriamente física, pagar é um absurdo, pois quem produz essas coisas vive de brisa e, ao exigir retribuição, mostra-se um vil mercenário, que só pensa em grana. Até a pirataria de livros, discos, cassetes, programas de computador e outros é vista com naturalidade e são considerados otários os que, entre comprar o livro e pegar uma xerox baratinha do trecho que lhes interessa, escolhem a primeira opção. E, como se as empresas e os profissionais que produzem tudo isso não precisassem de remuneração, são até rancorosamente acusados de gananciosos. Só que, naturalmente, no dia em que a pirataria for regra geral, ninguém mais vai escrever, compor, desenvolver ou publicar coisa nenhuma, vai ter é que procurar um emprego que lhe dê um dinheirinho.

Posso falar de cadeira, porque, entre cada dez telefonemas, nove são para que eu trabalhe de graça. Não é trabalho, aliás, que trabalho é para mim escrever 40 linhas aqui, 120 acolá, ler quatrocentas a oitocentas páginas de originais por dia, fazer palestras, dar entrevistas — e isso tudo sob a permanente pressão de não dar uma escorregada, porque, se der, caem de pau? Não sou só eu, naturalmente, é todo mundo mais ou menos de meu ramo. Meu festejado colega Mário Prata, por exemplo, acaba de receber desvanecedor convite para comentar futebol, numa cadeia nacional de televisão. Sim, quanto pagavam? Nada, claro, ficaram até muito decepcionados porque o Mário falou em dinheiro, pensavam que ele era sincero, ao professar amor por futebol. E mais muitas outras ele me conta, não só dele como de outros padecentes.

Quanto a mim, creio que o repertório atinge os índices olímpicos sem dificuldade. Tenho duas ou três novidades ilustrativas. Uma é um grande banco, que está promovendo um concurso literário de monta, coisa importante mesmo. Aí me telefonaram. Haverá uma comissão julgadora, que lerá os milhares de originais (ou livros, não sei bem) que certamente serão submetidos e fará uma triagem. Sobrarão pouco menos de 40 títulos para três prêmios finais. A atribuição desses três prêmios finais caberá a uma comissão de notáveis, para cuja composição eu estava sendo convidado. Mui honroso, pensei, mas quanto pagam por esse trabalho? Nada, obviamente, onde já se viu? E perdi mais essa chance de participar de uma comissão de notáveis, não agüento mais a frustração.

O segundo exemplo é de um canal de tevê internacional, se não me engano exclusivamente a cabo, que todo mundo conhece. Está fazendo um programa, ou série de programas, sobre os 500 anos do Brasil. Telefonaram-me (só porque escrevi um livro chamado *Viva o povo brasileiro*, virei brasileirólogo, nunca mais me liberto disso). Eu falo inglês? Falo, sim, senhor. Ah, muito bem, então estou convidado para dar uma entrevista em inglês, a ser exibida no dito programa. Perguntas sobre o povo brasileiro, explicações, interpretações, essas coisas bobas que qualquer um pode fazer em cinco minutos, com segurança e em inglês. Pois não, pois não, quanto pagam por esse trabalho? Nada, naturalmente, e lá se foi a chance de eu me exibir falando inglês na tevê internacional.

O pior é que tem muita gente que topa e, assim, trabalhadores como o Mário Prata e eu continuam repulsivos mercenários. E também se aceitam "pagamentos simbólicos", embora o supermercado da esquina se recuse a receber símbolos. Enfim, imagino eu, tudo pela glória. No meu caso, infelizmente, tenho de deixar a glória para depois, o conselheiro persiste em comer. Até mesmo porque descobri que o banco a que pago para guardar meu dinheiro (não digo o nome porque quem acaba sendo preso sou eu) tem um sistema de segurança falho, que permitiu que alguém clonasse meu cartão, soubesse minha senha e me depenasse aos bocadinhos durante meses. Agora tenho de me virar; vou ali, pedir uma cesta básica às Musas.

Prioridade nacional

Paranóico sendo, suponho que de nascença (recusava-me a nascer e só fui aparecer — a fórceps — depois de dez meses de gestação), de vez em quando me vêm pesadelos, quase certezas, sobre como seremos legislados para a prática de todos os atos de nossa vida, privada ou não. E, o que é pior, submetidos a sistemas de controle aterradores, tais como *chips* eletrônicos no cérebro, com cuja idéia vocês acham que fiz chiste ainda outro dia, mas não era chiste. Já tem gente pelo menos pensando em desenvolver *chips* para criminosos condenados, que assim teriam suas ações monitoradas, ou mesmo orientadas. De criminosos para nós, outros, o passo ia ser curto. Posso imaginar até mesmo os futuros (e geneticamente manipulados) bebês, como quem toma uma vacina rotineira, recebendo seus *chips* de sociabilidade, responsabilidade, bom comportamento, compulsão para pagar impostos, docilidade e o que mais dispuser a lei. Que, aliás, encontraria terreno feraz, em meio à carneirada que já somos.

No Brasil, podemos não estar na vanguarda tecnológica. Mas, na legislativa, acho que de vez em quando damos mostras de que temos condição, havendo vontade política, de aspirar a uma posição de destaque. Agora mesmo, leio aqui que se encontra em curso, na Câmara de Deputados, um projeto para a regulamentação da profissão de escritor. Já houve uma tentativa anterior, aliás estranhamente apoiada por alguns escritores profissionais, que não vingou. Mas deve ser uma área atraente demais para ainda não estar regulamentada. Claro, nem todas as atividades, ofícios e profissões estão ainda regulamentadas, mas a dos escritores parece ser importante em excesso, para tão prolongado esquecimento governamental.

Não li o projeto, mas é claro que ele não pode ser discriminatório. Para definir o escritor, tem-se que ser o mais abrangente possível. Escreveu, valeu. Valerão, portanto, não só livros como panfletos, discursos, sermões, cartas, bilhetes, diários, memorandos, relatórios, bulas de remédio e — por que não? — um caprichado cardápio de restaurante. Como dizer a um sujeito que escreveu que ele não é escritor? Acusações de preconceito, incorreção política e discriminação se tornarão inevitáveis, se todo aquele que escrever não for classificável como escritor. Bem verdade que, de acordo também com o que li, caberá aos sindicatos de escritores essa árdua tarefa — e também eles terão o mesmo problema para rejeitar pretendentes.

Conhecemos o Brasil, não conhecemos? Finjamos que conhecemos, pelo menos. Que tramas logo entrevemos no futuro, se o projeto for transformado em lei? Posso logo conceber os casos tristes dos aposentados que escrevem regularmente para os jornais (mais um golpe nessa velharia desagradável que não serve para nada, pau neles) e serão, cedo ou tarde, flagrados no exercício ilegal da profissão. Claro, o projeto atual não deve prever isto, mas outros para complementá-lo advirão, principalmente porque assim se gerarão mais burocracia e mais empregos de favor, e os escrevedores de cartas aos jornais ou se filiam ao sindicato ou arrumam um amigo filiado, para co-assinar as cartas, na condição de "escritor responsável". Infortúnio que, aliás, deverá abater-se sobre diversos outros, como síndicos de prédios ou inspetores de obras, ou quem quer que seja obrigado a escrever relatórios. Talvez até placas, quem sabe? Será indispensável a chancela de um escritor responsável; do contrário, multa e cana inafiançável.

Os sindicatos da categoria, naturalmente, assumirão atribuições formidáveis, com o decorrer do tempo. Ficar contra a maioria, por exemplo, poderá render expulsão e a conseqüente impossibilidade de exercer a profissão. Não está tampouco fora de cogitação que um sindicato muito atuante emita, depois das tradicionais assembléias tumultuadas, palavras de ordem a seus filiados. A política do sindicato, por exemplo, poderia ser não aceitar, sob penas variadas, que se escrevessem romances de amor ou literatura igualmente alienante. Quem escrevesse, além de punido, seria traidor da categoria. Para não falar em greves, obrigando os laboratórios farmacêuticos (pensando bem, talvez eles mereçam) a mandar um representante à casa de cada consumidor, para expor-lhe oralmente o conteúdo da bula e matando de fome heróica os que, como eu, vivem da ingrata pena.

E, *ça va sans dire*, chegará o dia dos cursos. A coisa ficará um pouco fora de controle, haverá escritores de carteirinha em demasia, muitos despreparados para o exercício do mister, o descalabro terá que acabar. Para resolver isso, será criada uma comissão de notáveis (falar nisso, onde andam as comissões de notáveis, outrora tão abundantes e comentadas?), que, após dois anos de jetons e denúncias de interesses escusos, recomendará a criação de cursos superiores para escritores. Talvez como especialização, ou pós-graduação, dos atuais cursos de letras. O que vai interessar é o diploma para tirar a carteirinha. Para os veteranos, como novamente eu, talvez se consiga um provisionamento ou se exija um examezinho de habilitação, mas ainda assim a velha guarda será encarada com desprezo pelos novos, por faltar a ela a verdadeira formação profissional.

Sei que outra vez vocês pensam que eu brinco, mas não brinco. O Brasil tem leis interessantíssimas, que vieram com as melhores intenções e rendem situações intrigantes. Por exemplo, como se sabe, se o sujeito for pego matando uma tartaruga protegida, vai preso sem fiança. Em contrapartida, se encher a cara, sair de carro e matar umas quatro pessoas, paga fiança e vai para casa. No caso da tartaruga, alguém raciocinará que é mais negócio matar o fiscal do Ibama, mesmo com testemunhas. Principalmente se estiver um pouco bêbedo, porque aqui é atenuante. É só escapar do flagrante, mostrar ser réu primário, conseguir responder ao processo em liberdade e, com azar, pegar aí seus dois aninhos de cana efetiva (em regime semi-aberto). Portanto, se aqui é mais negócio matar um homem do que uma tartaruga, não brinco. Acredito que nos possam perpetrar qualquer absurdo, inclusive esses de que acabo de falar e outros, que não chegaram a me ocorrer, mas são possíveis. Entretanto, há sempre um lado bom. Por exemplo, se algum dia exigirem carteirinha de escritor para eu escrever, não escrevo mais. Será, quiçá, uma boa notícia para alguns. Ou muitos, talvez, ainda não promulgaram uma Lei de Proteção da Literatura Nacional, obrigando todo mundo a gostar de tudo o que escritor brasileiro escreve. Embora, é claro, eu alimente fundadas esperanças, pois uma boa lei resolve qualquer coisa.

Não acho nada

O sujeito passa a vida buscando reconhecimento e, quando o obtém, foge como o diabo da cruz, daquilo que imaginava ser o paraíso. Triste verdade. Eu vinha ao Rio, já com alguns livros nas costas, saía por estas vizinhanças do Leblon e de Ipanema, ninguém me reconhecia. Ia às livrarias, às vezes nem encontrava meus livros ("é porque vendem", mentia bravamente a mim mesmo) e somente uma alma perdida ou outra sabia de minha existência. Momentos dolorosos freqüentam minhas lembranças. Conheci um senhor, numa festa, que me indagou o que eu fazia. Respondi que era escritor. Oh, disse ele, como é seu nome? Oh, disse ele outra vez, quando escutou o nome. Nunca tinha ouvido falar e pareceu preocupado com meus sentimentos. Tentamos disfarçar.

— E você, você o que faz? — perguntei finalmente.

— Sou professor de literatura brasileira — respondeu ele.

Portanto, compreendo perfeitamente que se considere antipático o sujeito que, depois de conhecido, tira umas ondas de estrela, vê o mundo pelos olhos da vaidade e não quer falar com ninguém, muito menos dar entrevistas. Tanto compreendo, que dou atenção a todos os que puxam papo comigo e, até pouco tempo, às vezes para grande arrependimento, não negava entrevistas. Mesmo porque também sou jornalista e o pessoal sabe.

— Se eu furar esta pauta, não sei o que vou dizer a meu chefe.

— Ora, diga a seu chefe que eu não quis dar a entrevista, bote a culpa em mim.

— Você já viu algum chefe de reportagem aceitar essa desculpa?

— Bem... Já, sim. Certa feita... Eu mesmo... Chefe de reportagem, você disse? Tudo bem, eu dou a entrevista.

Mas não quero dar mais. E não é pela experiência, apesar de, por ela, eu já devesse ter deixado há muito tempo. Uma vez, numa das minhas estadas no Rio, um repórter veio me entrevistar, depois de eu haver negaceado um pouco. Como sempre, acabei cedendo e ainda expliquei a ele por que estava pensando em parar de dar entrevistas. Tinha muitos aborrecimentos, chegara a fazer inimigos por causa de entrevistas.

— Por exemplo, eu sou Vasco e pensei que todo mundo sabia. Pois outro dia eu disse a um colega nosso que era Vasco e saiu que eu era Flamengo. Teve até português telefonando para me xingar.

Ele riu muito e, apesar de trazer consigo um gravador, fez questão de tomar nota do episódio, para não esquecê-lo. A matéria saiu com grande destaque e um número inacreditável de besteiras atribuídas a mim. E, sim, lá pelas tantas ele escreveu mais ou menos o seguinte: "O escritor diz que está pensando em não dar mais entrevistas. Acha que tudo sai errado. 'Por exemplo, eu sou Flamengo, mas já publicaram que sou Vasco', diverte-se." Juro a vocês.

Outra vez, em Itaparica, num dia muito atarefado (ninguém acreditava; todo mundo morria de rir quando eu dizia que estava trabalhando e, em diversas ocasiões, fiquei inclinado a dizer que quem escrevia meus livros era a senhora mãe do interlocutor, a qual, aliás, depois da labuta, ia relaxar em minha companhia), apareceu um jovem cheio de carteirinhas de jornalista, querendo me entrevistar. Como eu estava realmente ocupado e ele não tinha marcado nada, neguei a entrevista. Mas ele ficou parado do lado de fora da casa o dia todo e ou eu chamava a polícia ou dava a entrevista, havendo preferido a segunda hipótese.

— O senhor me empresta o gravador? — perguntou ele, depois de esparramar-se numa poltrona e aceitar um uísque.

— Gravador? Que gravador? Eu não tenho gravador.

— É o primeiro jornalista sem gravador que eu vejo, o senhor é realmente diferente. Nesse caso, uma esferográfica e um pouco de papel. Não vai me dizer que em casa de escritor não tem nem caneta nem papel!

Estou seguro de que muitos de vocês prontamente sugeririam o lugar adequado para ele procurar caneta e papel, mas eu me levantei, peguei a caneta e o papel e dei a entrevista. As mesmas perguntas de sempre. São invariavelmente as mesmas perguntas. Tentei solucionar o problema gravando uma fita com as respostas, mas não deu certo e a despesa era grande. Todos levavam uma cópia da fita e faziam as perguntas de sempre, do mesmo jeito. Entrevista, julgo eu, deve ser para saber de coisas que já não tenham sido fartamente ditas antes, mas esse não parece ser o caso de quase todas as que dou.

— Nasceu em Itaparica, não foi?

— Foi, foi.

— Atualmente reside no Rio de Janeiro, não é?

— Resido, resido.

— Quantos livros escreveu, em que ano e sobre quê?

Apesar disso, continuei dando entrevistas, inclusive na tevê. Na tevê é interessante. Todo mundo na tevê acha que a coisa mais importante do mundo é a tevê e que o convidado é um infeliz que está doido por aparecer na tevê. Já fui confinado em galpões e cubículos, fui maltratado por motoristas televisivos, fui quase levado ao Doi-Codi por me encontrar sem crachá, enchi formulários, apresentei documentos, recebi esbregues militarescos de seguranças e gastei dinheiro de táxi e jantar, para trabalhar de graça em diversos programas.

No departamento de jornalismo impresso, minha reputação de entrevistando fácil deve ter-se espalhado, de maneira que, hoje em dia, sou chamado a manifestar-me sobre qualquer coisa. Constroem um calçadão em Marechal Hermes, me telefonam para saber o que é que eu acho. Faz aniversário a mulher mais velha do mundo, me telefonam para saber o que é que eu acho. Dezoito moças acreanas resolvem tomar banho de mar nuas em frente à Farme de Amoedo, me telefonam. Uma colega ficou indignada comigo, porque eu não quis dar uma entrevista a respeito de magia negra. Expliquei que não entendia nada de magia negra, mas ela tinha sabido de algumas cenas de candomblé (de que, aliás, tampouco entendo nada, mas levo fama de que entendo) num livro meu e, certamente por julgar que magia negra é algo praticado por negros e é mais ou menos a mesma coisa que candomblé, queria por força que eu dissertasse sobre o assunto e, por eu haver resistido a me expor como um débil mental, até hoje não deve gostar de mim.

Chega de achar, não acho mais nada. Aliás, até acho uma coisa ou outra, mas o que acho, de modo geral, é tão bom quanto o que qualquer outra pessoa acha e não há razão para sair por aí achando o tempo todo. Também não entendo nada da literatura brasileira contemporânea, não sei resumir em poucas palavras minha opinião sobre a atual conjuntura e garanto que me esqueci dos anos em que saíram meus livros. Nasci em Itaparica e continuo Vasco, creio que é tudo.

SOFRENDO ATÉ O FIM

DESCONFIO QUE MUITOS não acreditam, quando conto que nunca planejo meus romances, não tomo notas, nem faço esquemas. Mas é verdade, com um pequeno reparo em relação às notas. Tomo algumas, sim, embora de maneira atabalhoada, no decorrer da escrita, para não esquecer alguma idéia que me ocorra de repente e que só possa ser usada mais tarde. Já cheguei a carregar um caderninho no bolso, para anotar o que me viesse à cabeça em qualquer lugar, mas terminei descobrindo que, da mesma forma que sair de guarda-chuva faz com que não chova e vice-versa, sair de caderninho, pelo menos em meu caso, tem como resultado não surgir nada que pareça digno de anotação, seja na cabeça, seja no ambiente. Além disso, por não saber mais escrever à mão e ficar com cãibras depois de garatujar três ou quatro linhas, é freqüente que não entenda nada do que tão inspiradamente anotara, na pseudo-epifania do dia anterior.

Muita gente também deve torcer o nariz para afirmações minhas sobre o sofrimento que é escrever um romance. Está bem, não é exato descrever meu trabalho apenas desta forma. Naturalmente que gosto de escrever, é minha profissão e, ao que tudo indica, minha vocação. Mas o sofrimento existe, de várias formas, inclusive pela incerteza, que sempre me aflige, sobre se vou conseguir chegar ao fim. Quando escrevi *Viva o povo brasileiro*, por exemplo, não usava, como hoje uso, um processador de texto, o que teria facilitado um pouco minha peleja. Usava uma

Remington cenozóica, que por milagre não se desmanchou, enquanto eu, atrasado uns seis meses com a editora, batucava afobadamente cada uma das quase mil e duzentas páginas dos originais. Mais de seis quilos de papel, distribuídos em pastas caóticas e esmolambadas, que às vezes eu tinha de folhear horas a fio, para evitar incoerências, contradições, repetições e outros problemas, naquela narrativa que não acabava mais. E sempre achando que jamais conseguiria pôr ordem em toda a barafunda e muito menos chegar ao fim. (Na verdade, considerando-se as circunstâncias, acho que esse "controle de qualidade" até que funcionou razoavelmente. Mas, se *bonus dormitat Homerus*, quanto mais eu: a certa altura, troquei o nome de um personagem, o que, naturalmente, só descobri depois que o livro já estava circulando. Claro que não vou contar qual é esse personagem, porque não quero desagradar meus editores, os quais com certeza preferem que os muito curiosos comprem o livro e vão descobrir por si mesmos.)

Obviamente, se quase não tomo notas e não faço esquemas por escrito, devo arrumar tudo na cabeça, embora muitas vezes sem saber. Creio que é isso o que acontece porque, já de temperamento obsedado por natureza e incapaz de tocar mais de um projeto de cada vez, não penso em nada a não ser no livro que estou escrevendo, mesmo enquanto converso com amigos ou assisto à televisão. Ou seja, é como se eu ficasse escrevendo o tempo todo. Não é que eu goste desse método. Pelo contrário, abrigo enorme inveja dos escritores organizados e de postura mais racional, até porque nunca me livrei da suspeita de que trabalhar à minha maneira é uma manifestação grave de incompetência. Mas — como dizem sempre minhas tias velhas — ninguém se faz, de forma que receio ter de ir assim até o fim da existência.

Felizmente, bem ou mal, meu método acaba produzindo alguma coisa. Não são poucas as ocasiões em que me sento diante da máquina sem ter a menor idéia do que vai acontecer, para em seguida escrever com uma fluência que durante semanas julgara haver perdido para sempre, resolvendo, ao mesmo tempo, um dos meus muitos "nós". Jorge Amado, que trabalha de um jeito parecido com o meu e, por conseguinte, enfrenta problemas de percurso semelhantes, foi quem me ensinou o uso desta palavrinha. Ela designa as fases em que a narrativa empaca, sempre com uma aterradora aparência definitiva. Tivesse eu um esquema, acredito que não encontraria a maior parte dessas dificuldades. Recorreria a meu plano, se bem que, mesmo quando imagino que sei perfeitamente a cena, sumário ou descrição que vou fazer, pode acontecer, apesar de não ser a norma, que as coisas se recusem a passar-se daquela maneira e tudo saia diferente do tencionado.

Mas a especulação é ociosa, pois não conseguiria mesmo fazer esquemas — já tentei e fracassei sem exceção. O tratamento dos nós, que brotam aleatória e inesperadamente, em qualquer ponto do trabalho, é sempre angustiante, porque, apesar da experiência com tantos outros, desatados antes, a convicção é invariavelmente de que desta vez não tem remédio. Acaba tendo, ou pelo menos vem tendo até hoje, mas cada nó parece requerer um tratamento especial, cujo único ponto comum é a invulnerabilidade a um ataque direto, objetivo e organizado. Por mais que me rebele contra isso, que sinceramente considero uma deficiência profissional (afinal, profissional é profissional; "não é escritor? então escreva", diz um dos muito diabinhos que ali rondam, achando tudo muito engraçado), não adianta. Tenho que resignar-me a noites de mau sono, dias de mau humor e às vezes semanas de uma sensação acabrunhante de impotência e malogro, em que a prosa que sai dos meus dedos se mostra chocha, sem graça, inconvincente e forçada.

Isso se torna mais sério devido a dois problemas complementares, em cuja existência, como em relação às notas, muita gente talvez não acredite. Trata-se da estrutura do tempo em algumas narrativas minhas, como *Sargento Getúlio* e *Viva o povo brasileiro*. Neste último, os capítulos e muitas seções de capítulos são encimados pelo nome de um local e uma data. A maneira mais "lógica" de arrumar as coisas seria fazer com que, à medida que a narração avançasse, as datas fossem também avançando, o que não acontece. As datas vão para lá e para cá, algo situado em 1800 sendo narrado antes de algo situado em 1700, por exemplo. Talvez a maioria dos leitores imagine que eu tenha arrumado os acontecimentos primeiro na ordem "lógica", para subseqüentemente embaralhá-los, na arrumação final do livro. Mas isso não ocorreu. A narrativa vinha à minha cabeça exatamente na ordem em que está no livro. Não sei bem por quê e agora, depois do fato, seria fácil dar explicações mirabolantes, como se faz tanto no ramo das letras. Mas a realidade é mais simples — ou mais complexa, como se queira. O livro está como saiu da máquina de escrever, mesmo porque, com o atraso na entrega dos originais, não tive tempo de passar nada a limpo e entreguei tudo emendado e riscado à caneta.

Na existência do segundo problema, é possível que haja mais gente que acredite, porque, por conversas pessoais e entrevistas, sei que muitos romancistas partilham dele, embora meu caso talvez seja extremo. Trata-se da assunção de independência por parte ora de personagens, ora de uma sucessão ou conjugação de eventos. O personagem se recusa a cumprir o destino imaginado para ele e complica extraordinariamente o que parecia ser uma história já completamente concebida em suas linhas gerais. A mesma coisa com eventos, que se misturam, rejeitam a ordem e as relações que se pretende dar-lhes e causam tanta ou mais confusão do que os personagens autônomos.

Creio que agora se entende, quando falo em sofrimento ao escrever, porque qualquer um haveria de sentir-se inseguro, ou mesmo angustiado, trabalhando sob esse regime anárquico. Mas um belo dia, que geralmente começa tão pouco promissor quanto os precedentes, um nó se desata. Escrever, para mim, é um ato íntimo, tão íntimo que não acerto a escrever na frente de ninguém, a não ser em redação de jornal, que é como sauna, onde todo mundo está nu e não repara na nudez alheia. A lembrança do desate de alguns nós me justifica e reforça essa pudicícia. Em Itaparica, enquanto escrevia *O sorriso do lagarto*, vi-me várias vezes levantando-me no meio de um parágrafo absolutamente inesperado e mil vezes bem-vindo, para dar uma dançadinha em torno da mesa com os braços para cima, antes de ter coragem de espiar o monitor e confirmar, em letras agora coruscantes, que o nó estava desatado, desfeito, desmoralizado, desenrolado de uma forma tão óbvia que somente minha estupidez não percebia antes — Nosso Senhor dos Escritores existe e a Providência socorre os desvalidos das letras. Como isso acontece? Nunca tive pendor para as artes psicanalíticas, nem acredito estar sendo guiado por musas, que no preciso instante me sopram soluções de origem etérea. Pelo contrário, numa cultura acostumada a privilégios, poses e geral mistificação, já fui grandemente esnobado por não aceitar reivindicações mágicas para a condição de escritor. Nunca tratei minha profissão solenemente, nunca achei que ela por alguma razão me faz melhor que os outros. Costumo dizer que nem tenho cara de escritor, o que se confirma em minha imagem literária em certos círculos do nosso ramo, que, pelo que posso avaliar, é de um baianão meio primitivo, de poucas luzes, mas boa gente e com alguma intuição.

Talvez tenham razão, pelo visto. De qualquer forma, este é um depoimento honesto. Eu não poderia inventar, como se suspeita que Poe inventou sobre sua poesia, um "processo criador" diferente deste que foi um tanto perplexamente apresentado. E, como a encomenda que me fizeram pedia que o assunto fosse a finalização de um romance, esclareço o que já deve parecer óbvio ao pacientíssimo leitor: chego ao fim de um romance do mesmo jeito com que percorro todo ele. Aos trancos e barrancos, entre nós e contra-nós, freqüentemente surpreendido com o desenrolar das coisas, sempre ansioso e inseguro. O fim pode ser um nó como qualquer outro.

No fim do trabalho, apenas um pormenor é diferente. Assim que estou com os originais completos na mão pela primeira vez, me vem uma alegria cálida, um alívio libertador, a sensação de que, afinal, ganhei mais uma parada. Folheio tudo longamente, releio os trechos de que gosto mais e evito os que não me deixaram inteiramente satisfeito, sopeso as laudas gravemente. Mas, depois que passo tudo à editora, me vem um abatimento profundo, um sentimento de vazio intolerável, quase uma depressão — *post partum triste*, julgo eu, estado puerperal. Da última vez, em Itaparica, para evitar a impressão de que estava ficando meio louco, voltei ao escritório e, em poucos dias, escrevi um livrinho infantil para brincar com meus filhos e sobrinhos e para exorcismar pensamentos lúgubres. E assim, modesta mas denodadamente, vou cumprindo minha sina de escritor.

Do diário de um homem de letras

Que frase de Proust me ocorreu, enquanto distraidamente fazia a barba? Nenhuma, muito menos um verso de Mallarmé (preciso decorar um urgentemente, sou amigo do poeta Geraldo Carneiro e passo muita vergonha com a erudição dele). Mas aproveito que ainda não amanheceu e taco um verso — ou dois, não me lembro bem — de Byron, que decorei na remota juventude, para impressionar as moças (não impressionei, mas, quem sabe, agora talvez impressione as velhas). *'Twixt night and morn, upon the horizon's verge, Life hovers like a star.* "Entre a noite e a manhã, sobre a orla* do horizonte, a Vida paira como uma estrela." Não sei bem a que isso se aplica no momento, mesmo porque, apesar de estar tudo escuro aqui no terraço, não há nenhuma estrela à vista. Mas não fica bem para um homem de letras começar um trecho de diário sem lembrar uma frase ou verso ilustre, a reputação requer um constante burnir. Necessário achar imediatamente meus dicionários de citações, para me lembrar repentinamente de pérolas literárias e poder manter este diário. Quem pensa que a vida do homem de letras é mole está muito enganado.

■   ■   ■

---

* Espero a gratidão dos leitores por não haver utilizado a palavra "fímbria".

Esperar clarear, para andar no calçadão. Quando me recomendou arejar o juízo andando no calçadão, meu combativo analista me disse: "Você vai fazer uma coisa que vai mudar sua vida." Como todo mundo, principalmente escritor, quer mudar de vida, topei. De fato mudei, agora fico aqui bestando, esperando clarear para andar no calçadão. E ando no calçadão, é óbvio, onde sou regularmente humilhado pelo capenguinha. Pensar em alguma observação inteligente, para fazer, a respeito disso.

■   ■   ■

Andando no calçadão. Continuo não gostando, mas creio que já posso considerar-me um veterano. Ou pelo menos não sou mais um iniciante, já tenho conhecidos e já fico de olho para a hora em que as duas moças, esplêndidas como potrancas, passam em corridinha leve, com os coroas a cochichar "ai, meu tempo". E a moça de bicicleta e *short* meio saiote ao vento, ai, meu tempo. O capenguinha, desta vez, passou na direção oposta, não houve humilhação, mas o tempo provaria que eu devia ter prestado mais atenção a seu olhar malquerente. O pessoal do programa saúde continua nos quiosques, rebatendo a noite com uma cervejinha e uns cigarrinhos. Cogito em, desta vez, encurtar a jornada, mas manda o brio que prossiga até a lata de lixo do Arpoador (haverá nisso algo de metafórico?) que marca a metade de meu percurso — e, além de tudo, ia tomar um esbregue do analista. Recebo uma beijoca de uma senhora encanecida, que se confessa minha fã. Emocionado, fecho os olhos e penso que foi a moça do saiote. Agradeço penhoradamente e sigo em frente glorioso. O senhor que corre com a cara de quem acaba de perder cem mil reais no bingo me cumprimenta, o cidadão que caminha como quem está fazendo cocoricocó também. E o capenguinha, com toda a certeza só para chatear, passa por mim. Deu a volta apenas pelo gostinho de me ultrapassar, o miserável. Mas retorno sem maiores incidentes. Ao atravessar a avenida para tornar à casa, topo com Zé Rubem Fonseca, barbado e embuçado, que finge que não me vê. Deve ter ingressado na carreira de crítico literário. Ou então deve ter acatado um conselho do analista dele. Deixo-o em paz. Mais tarde telefono e digo a ele que meu computador é maior que o dele. Isso mata o bicho.

■   ■   ■

Ler os jornais. Seqüestro, estupro, bala perdida, o vírus Ebola vem aí qualquer hora dessas, tudo faz mal, morreu mais um sujeito de minha idade. Destaque para o futebol japonês, que, aliás, também aparece destacado na tevê. Claro que eles serão campeões do mundo assim que entrarem numa Copa. Elementar: vão poder substituir o time inteiro o tempo todo sem ninguém notar, vai ser uma canseira geral no Ocidente. Ao diabo com os jornais, chega de assombração, vamos trabalhar, que a vida é breve.

■   ■   ■

Primeiro, o expediente. Dois fax (faxes? Pensando bem, esqueçam que perguntei, chega de gozação com a minha condição de acadêmico). Dois esse negócio que chega pelo fio do telefone, ambos do Ministério da Cultura e ambos endereçados a João Ubaldo Ribeiro Filho. Respondo ou não respondo, já que não sou João Ubaldo Ribeiro Filho (e, aliás, prefiro João Ubaldo de Oliveira, já estou mais acostumado)? Opto por não responder, não quero assumir falsa identidade. Além disso, essa coisa de João Ubaldo Ribeiro Filho pode não cair bem com minha mulher. Fax à cesta. Que mais? Diversos convites para trabalhar de graça, como sempre. Convites à cesta. Originais que querem que eu leia. Não leio, mas não tenho coragem de atirá-los à cesta e ponho-os na pilha piramidal que já me entope o gabinete e já me rendeu ameaças de divórcio. Cartas a responder. Respondo depois.

■   ■   ■

Trabalhando em mais uma obra-prima. Quanto mais escrevo, mais difícil fica. Talvez deva dar outra andada no calçadão, antes de pegar nisso. Não, não, nada de correr da presa, ao trabalho. Além disso, como tomar um uísque escondido no Diagonal, no fim da manhã, sem muita culpa? Não, senhor, escrever. Que coisa mais besta, esta, o sujeito sentado aqui, escrevendo uma porção de histórias que nunca aconteceram, sobre gente que nunca existiu. Um amigo meu, quando me queixei, me disse que não fui eu quem inventou isso, que, desde que o homem aprendeu a escrever, escreve histórias. Ou até antes de escrever, como no caso de Homero. Portanto, não tem nada de ficar questionando, tem é de sentar aqui em frente ao monitor e mandar ver. Mando ver, saem umas mixariazinhas desconsoladas. Amanhã eu conserto, ou então depois de amanhã. Mas ninguém pode dizer que não trabalhei, Deus é testemunha. Uísque no Diagonal.

■   ■   ■

Uísque no Diagonal, na companhia de Rosa Magnólia, Zé Fuzileiro, Carlinhos Judeu, Paulinho Cachoeira, Toninho Plutônio, Tião Cheiroso, Rubem Magistrado, Geraldinho CD e outros renomados membros de minha patota. A vida é bela. Papo de alto nível, hoje versando sobre comida baiana. Saio intelectualmente renovado.

■   ■   ■

A tarde passa fugaz, abate-se o atro véu da noite sobre meu terraço. (Podia dizer que essa frase é de alguém, mas tem leitor chato que vai pesquisar e depois me escreve espinafrações.) Vou procurar os dicionários de citações. Não, não vou, amanhã eu procuro. Em lugar disso, um passatempo intelectual, digno de um homem de letras. E, assim, diante do computador, clico o *mouse* no ícone *Games* e inicio uma desafiante paciência de baralho. Aquela mais difícil, que requer raciocínio, é claro.

NOITES DE AVENTURAS

ELA NÃO AVISOU, chegou de repente, como uma assombração. Só a conhecia de nome e reputação, achava que nunca seria visitado por ela. Mas, numa bela segunda-feira, eis-me virando na cama de um lado para o outro, sem conseguir pregar olho. Que era aquilo, para quem sempre dormiu em qualquer lugar, sem a menor dificuldade? Achei que era passageiro, persisti em ficar na cama. Olhei o relógio da cabeceira — uma hora da manhã, 60 minutos que já havia passado deitado e acordado. Não era possível, continuei a insistir em dormir. Rola o tempo, nova espiada no relógio, duas horas da manhã e eu como se tivesse tomado alguma dessas pílulas para emagrecer que deixam o sujeito eletrificado, segundo me dizem. Quando dei por mim, os bem-te-vis já estavam atitando em meio às árvores da rua e a famosa rododáctila aurora já fazia luzir seu clarão encarnado por trás dos edifícios que nos circundam.

Saí da cama perplexo. Ao contrário do que seria de esperar, não estava cansado, apenas espantado. Parecia que não precisara dormir, talvez fosse natural que isso acontecesse uma vez ou outra. Bem, todas as coisas que tinha para fazer de manhã podiam ser adiadas, se bem que à custa de algum pequeno sentimento de culpa, de forma que poderia dormir logo mais, depois de uma boa caminhada no calçadão. Fui caminhar no calçadão, cumpri garbosamente o percurso habitual e voltei para casa, achando que iria para a cama e tiraria o atrasado. Nada, os mesmos olhos

arregalados da noite anterior. O jeito era esquecer e tentar trabalhar, mas aí notei que me enganara quanto ao cansaço, porque,
diante do monitor do computador, não conseguia coordenar os
pensamentos e as palavras que digitava volta e meia assumiam
grafias sethranas — quer dizer, estranhas.

Ou seja, caso grave. Desci, fui para a cama de novo, não era
possível que agora não dormisse. Mas parecia que ela me dava
uma injeção de anfetamina. A cada cinco minutos de luta contra
o travesseiro, tinha de me levantar, ficar andando de um lado
para o outro até resolver que dessa vez estava pronto para o sono,
voltar, tomar nova injeção de anfetamina, levantar-me, andar
pela casa outra vez, voltar, levantar-me, voltar, levantar-me... Não
adiantava, esse transe doloroso requeria providências de outra
sorte. Pílula para dormir, nem pensar, sempre tive horror a bolinha. Mas, antes, vamos confiar na natureza. Depois de 24 horas
insone, eu teria de dormir na noite da terça-feira, era inevitável, o
organismo seria forçado a ceder.

Noite da terça-feira, meia-noite, caio na cama. Dormiu você?
Provavelmente sim, mas não eu. Heroicamente, decidi que desta feita enfrentaria a noite como um bravo. Afinal de contas,
temos tevê a cabo aqui em casa e vários canais funcionam a noite
toda. É fascinante. Recomendo a experiência de passar a noite no
sofá, diante da tevê, assistindo à interessante programação que se
oferece. Uma entrevista iluminadora com Maguila. Enormes
comerciais de aparelhos que lhe prometem o dinheiro de volta,
se você não conseguir cortar um cano de chumbo com uma faca
especial, limpar a casa toda com um aspirador de bolso ou ficar
em forma física superior à de Robson Caetano com apenas 15
minutos diários de exercício numa máquina de aparência suspeita. Todos os lances de um inesquecível jogo de futebol entre
Luxemburgo e Mônaco. O desenrolar empolgante do campeonato japonês de luta livre, em que Kashimataia (ou Nokomira,
ou Furukea) prova mais uma vez sua supremacia sobre todos os
adversários. Um documentário minucioso sobre os ritos religio-

sos de uma tribo aborígene da Austrália. A pugna de futebol americano entre Alabama e Miami, com direito a *replay*. Filmes *western* em espanhol, com Robert Ryan dizendo "*maldito seas tu, desgraciado*".

Enfim, um nunca acabar de atrações, que me fazem andar de novo pela casa, como um zumbi. Desta vez a cama não só me dá anfetamina, me rejeita e praticamente me expulsa. Nada resta senão voltar à sala e continuar andando. Que estará pensando alguém que porventura me veja neste caminhar ensandecido, parando de vez em quando diante da tevê, sentando, levantando, caminhando outra vez? O dia vem amanhecendo mais uma vez e, não sei bem por quê, me sinto envergonhado, me vejo como uma espécie de dissipado, perdedor de noite irresponsável, pai de família execrável, candidato a clínicas de recuperação de perdidos.

Mas há remédios, há recursos utilizados pelos experientes nessa matéria. Durante o dia, com a cabeça mais enrolada que um novelo de lã, procuro conselhos sábios, que forneço aqui, porque talvez funcionem para colegas de insônia (não vale a gracinha de me aconselhar a ler minhas próprias crônicas para conseguir dormir, até porque já tentei isso e também não deu certo). Tome um ou dois copos de leite quente, antes da hora de dormir. Tomei diversos e a conseqüência mais palpável foi desenvolver uma certa empatia com bezerros, mas dormir mesmo não. Bote um infalível comprimido de melatonina — que não é bolinha, é um hormônio natural — debaixo da língua e espere, que o sono chega. Fica uma farofinha meio sem graça debaixo da língua e, se lhe falam, você responde articulando as palavras como se estivesse mastigando, mas não dorme, pelo menos em meu caso. Tome Maracugina! Lembra Maracugina, remédio antigo, todo natural, não vicia, acalma logo e, num caso desses, acaba trazendo o sono? Claro, Maracugina. Pego um frasco de Maracugina, tomo uma talagada respeitável, não acontece nada, fico extremista, tomo mais duas talagadas, umas duas horas depois da primeira. Nada. Tomo mais? Não, não, não quero passar pelo dissabor adicional de ter meu nome no jornal como vítima de uma *overdose* de Maracugina.

Finalmente, tentei o método mais revolucionário, aconselhado por um amigo que nunca mais teve insônia, depois de empregá-lo.

— É o seguinte — disse ele. — É uma técnica oriental, que redirige as energias do organismo. Esqueci o nome, é chau-tsu, tsu-tchao-ing, uma coisa assim, mas o nome não tem importância. Você faz o seguinte: na hora de dormir, enche uma bacia ou panelão de água bem fria, pode ser um pouco de água da bica com umas pedras de gelo, e mergulha os pés lá dentro por uns vinte minutos.

— E eu durmo?

— Claro que dorme, que é que você acha que acontece?

— Pneumonia.

— Pneumonia nada, vá em frente, eu garanto a você.

Fui em frente, fiz o tcho-tau-tong, assisti à decisão do campeonato de futebol da segunda divisão peruana tiritando com os pés na água gelada. Não dormi, é claro. Acho que nunca mais vou dormir. Alguém aí conhece uma sucursal dos Insones Anônimos?

Emoções matinais

Moro num quarto andar, mas um casal de gatos apaixonados (ou talvez, a julgar pela barulheira, mais de dois gatos empenhados em sexo grupal — sabe-se lá o que gatos modernos podem estar fazendo hoje em dia, ainda mais que gato não pega Aids) parecia estar no peitoril da janela e, portanto, não deu para dormir. Alimentando planos vagos de montar uma fábrica de tamborins de couro de gato, levantei ainda mais cedo do que habitualmente e fui esperar a aurora no terraço. Pelo menos podia acender as luzes e ficar azucrinando as plantas. Mas, mal empunhei a tesoura para dar uma podadinha na acerola, eclodiu lá embaixo uma discussão das brabas, em que uma voz exaltada anunciava que ia dar um tiro. Como um tiro para cima, se a bala voltar na vertical, tem a mesma força que o saído diretamente do revólver, achei que ia sobrar para mim e, já que o Exército não me deu de presente o capacete do tempo do CPOR, preferi recolher-me.

Não há de ser nada, vamos ler aqui qualquer coisinha. Olhei os livros, me contemplando silenciosamente das estantes. Passeei em frente às prateleiras, um pouco como Imelda Marcos diante de milhares de sapatos, sem vontade de usar nenhum. Talvez um Montaignezinho, amigo de longa data. Não, ia dar vontade de continuar lendo o dia inteiro e daí a pouco eu teria obrigações a cumprir. Logo generalizei. Viciado em ler e cada vez mais preguiçoso, aconteceria com qualquer outro livro o que aconteceria com o bom fidalgo: eu não ia querer largar. Então um desses almanaques americanos ótimos em que também sou viciado e nos quais aprendo fatos utilíssimos, tais como o de que as minhocas se acasalam durante cerca de duas horas (você sabia?). Informei-me disso e de mais diversas novidades, até a hora em que o Astro-Rei, com a majestade meio embuçada por nuvens tristes, apareceu.

Desci, cumprimentei o porteiro da noite, perguntei se ele achava que a hora dos assaltos já passara e eu podia sair para pegar os jornais. Ele deu uma risadinha filosófica e retrucou que qualquer hora é hora de assalto, mas, pelo menos, eu seria assaltado à quase plena luz do dia, o que daria mais charme à narrativa que eu depois fizesse aos amigos. Além disso, um carro da PM estava estacionado ali na rua e, se fosse carro da PM mesmo e não de ladrões disfarçados de PM, minha saída estava garantida. Decidi arriscar, afinal sou um homem e não um rato e a circunstância de Euclides da Cunha haver classificado meu tipo sob o rótulo de "mestiço neurastênico do litoral" não obscurece o fato igualmente euclidiano de que, pelo menos por parte de pai, sou antes de tudo um forte.

Sim, sou um forte, mas os PMs me olharam fixamente à minha passagem. Não tenho carteira assinada e não me trajo com grande elegância. E se eles me chamassem para identificação? Imaginei as manchetes no dia seguinte: escritor preso sem documentos é espancado em delegacia; polícia nega e afirma que escritor desacatou a autoridade e, além de não portar documentos e, portanto, não poder contestar a suspeita de vadiagem, ainda carregava trouxinhas de maconha no bolso, para revenda numa esquina da Ataulfo de Paiva. Fiz a minha melhor cara de acato à autoridade e fui andando, contendo a vontade de virar os bolsos, para eles verem que eu não tinha maconha nenhuma. Um deles continuou a olhar-me, o suspense foi grande, mas passei.

Passei e quase volto, porque, um pouquinho mais adiante, me vi envolvido por uma onda avassaladora de mau cheiro. Que seria aquilo, o emissário submarino se rebelara de vez e lançava uma vaga mortalmente mefítica sobre o Leblon? Tenho um amigo que diz que, mais dia, menos dia, isso vai acontecer. Mas não era, era lixo, pelo visto acumulado desde o final do ano e agora começando a soterrar o bairro, talvez a cidade, sob sacos e mais sacos de odor indescritível. Prendendo o fôlego, apressei o passo e tive de parar. Os sacos de lixo latejavam, fazendo barulhinhos sinistros. Sacos de lixo vivos, a revolta das lixeiras assassinas, como nos filmes americanos a que meu filho assiste no vídeo? Não. Ratos. Ratazanas do tope do pequinês da velhinha que de vez em quando encontro neste mesmo caminho. O almanaque advertira (você sabia?) que a força da mordida de um rato equivale à de um tubarão. Pensei na ironia de haver, poucos momentos antes, lembrado que não era um rato. Agora preferia ser um deles, pelo menos enquanto atravessasse aquela área de guerra. Detive-me um instante, os ratos não pareceram incomodar-se com minha presença. Já sufocado pelo fedor do lixo, acelerei o passo e, me sentindo o comandante da carga da brigada ligeira, venci o perigoso percurso até a esquina.

Pronto. Receios afinal infundados, tudo bem, nesta primeira semana do ano novo. O pessoal da banca e os madrugadores habituais já estavam a postos, normalidade absoluta. Entreguei o dinheiro dos jornais, o homem da banca informou que não dava, o preço subira. Aliás, tudo vai subir, estava ali nos jornais mesmo. Ano novo, vida nova, acrescentou com um sorriso ambíguo, enquanto eu, me preparando para tomar um cafezinho na confeitaria e fazer horário para que os ratos terminassem o turno da noite em meu caminho de volta, dava uma olhada nas notícias. Inflação de 42 por cento, mais impostos federais, IPTU feroz daqui a dois meses, escolas particulares exigindo fiador para matrículas, morte entre funkeiros, invasão de uma delegacia por bandidos, arrastões em apartamentos, chuvas matarão não sei quantos neste verão. Terminei o cafezinho, muni-me de coragem, preparei-me para a atribulada volta ao recesso do lar. Ano novo, vida nova. Não, não escreveria sobre esses assuntos macabros, seria otimista, traria algum alento ao leitor, tinha de haver uma boa notícia nos jornais. Saí andando devagar, ainda folheando as gazetas. Olhei o sinal na esquina da Venâncio Flores, estava aberto, comecei a atravessar. Se ainda tivesse cabelo, perderia parte dele por abrasão, porque, na distância necessária para isso, passou em alta velocidade uma camioneta, cujo motorista, não contente em quase me atropelar, ainda se referiu desairosamente a minha mãe. Como escrever algo otimista? Talvez seja difícil, mas em que outro lugar experimentamos as emoções de viver perigosamente sem nos afastarmos de casa mais que três quarteirões? Necessário pensar no lado positivo das coisas e, um olho nos ratos e outro nos jornais, adentrei meu edifício orgulhoso em saber que, para qualquer um de nós, enfrentar o rali Paris-Dacar é moleza. Tem alguém que possa com o brasileiro?

Patrulha da madrugada

Ainda não são seis horas da manhã. Mas já acabei de escrever umas coisas e agora, dever cumprido, tenho o direito de sair para o terraço e fumar um cigarrinho, esperando o sol nascer. Não se tem horizonte daqui, com quase tudo em torno bloqueado por edifícios, mas o Corcovado está ali mesmo, o Redentor começando a entrever-se, no meio da celagem enevoada. Do meu lado direito, por trás de uma fileira irregular de prédios, o céu se avermelha e me vem uma crise de literatice, felizmente não testemunhada por ninguém. *'Ere comes the Morn, in russet mantle clad,* rododáctila Aurora e uns versos de Byron, coisas que decorei há décadas, para impressionar uma moça — a qual, por sinal, não se impressionou; preferiu impressionar-se com Marcão, que era titular do time de basquete do colégio, tinha uma lambreta e todo mundo dizia que parecia com Farley Granger. Sorrio, entre nostálgico e vingativo, feliz porque ninguém mais sabe quem foi Farley Granger e Marcão, se praga pega, deve estar gordo, usando dentadura e jogando dominó com os outros aposentados, na virada da noite da fila do INSS.

Quanto a mim, não, comigo o Destino foi generoso. Conservo os versos de Byron e outras pequenas prendas, tão duramente adquiridas na perseguição de moças ingratas. Fui primeiro lugar no exame de inglês da Associação Brasil-Estados Unidos. Tenho aqui esta vista do Redentor, este jardinzinho, os bem-te-vis disparando a primeira algazarra do dia, o Astro-Rei dando início aos trabalhos com a competência de sempre, consegui pagar o condomínio e os óculos novos, o torcicolo melhorou. Além disso, não sou nenhum Marcão aposentado, nem Farley Granger esquecido, sou famoso e considerado em todo o Leblon. Respiro fundo, desfruto um instante da alegria plácida dos justos recompensados.

Hora de descer, para comprar os jornais e o pão. Entre meus ideais de vida, sempre esteve sair de manhãzinha, para ir à padaria e ao jornaleiro. Voltar com o ar tranqüilo e austero de um pai de família providente, jornais debaixo do braço e saquinho de pão quente na mão, cumprimentando os vizinhos e elogiando o belo dia que faz. Em Itaparica, não dava, porque os jornais só chegavam lá pelas onze e o pão da bodega de Walter tinha gente que se benzia, se obrigada a comer. Mas aqui no Rio dá, e é um contentamento sempre renovado, quando abro a porta, dou bom-dia ao porteiro, passo os olhos pelas copas das amendoeiras e parto calçada abaixo, em direção à banca.

Sinto falta da velhinha que leva um cachorrão igualmente idoso para passear. Terá acontecido alguma coisa com um deles? Não, lá estão eles, na outra esquina. O cachorrão termina de cheirar meticulosamente uma touceira e ambos vêm na minha direção, arrastando pés e patas. Ela e eu sempre trocamos sorrisos e fantasio que, se um dia eu não aparecer, ela também sentirá minha falta. Como certamente sentirá minha falta o Meireles, que já desponta lá, todo garboso. Não sei nada de equipamentos de *jogging*, mas tenho certeza de que os do Meireles são de primeiríssima linha. Aliás, não sei nem se o nome dele é Meireles, é que ele tem cara de Meireles. Coroa assim do meu tope, cabelos brancos, barriga para dentro, peito para fora e o porte estolidamente sereno de quem acredita no que lê. Quando passa por mim, capricha no estilo e levanta o braço para que eu veja bem o *walkman*. Um dia destes, vou puxar palmas.

E tudo mais, felizmente, continua no mesmo lugar, os mesmos escolares esperando o ônibus, o mesmo português tomando café na padaria, o mesmo paraibano me saudando com uma vassoura na mão. Os jornais já estavam guardados para mim, o pão está quentinho, lá vai o zeloso pai de família de volta à casa, meu avô ficaria orgulhoso de mim. Dou uma olhada de esguelha nas manchetes, tudo notícia ruim. Mas, graças a Deus, moro no interior e a maior parte dessas coisas não me atinge. Amanhã é dia de feira aqui na porta de casa e acho que vou comprar milho verde para ralar e fazer um cuscuz.

O BOM PEDESTRE

O MUNDO DÁ MUITAS VOLTAS, nada como um dia depois do outro, quem te viu, quem te vê — grandes constatações que, por cediças e muito repetidas, já não suscitam meditações filosóficas como a que me ocorreu faz poucas horas, ao atravessar uma ruazinha transversal à minha, a caminho da banca de jornais. Não sou um sábio distraído, desses sobre quem a gente lê em almanaques, que não lembra se almoçou e atravessa a rua resolvendo equações. Pelo contrário, sou um pedestre atilado, ligeiro e prudente, a ponto de, para citar apenas uma característica, só aceitar sinais de trânsito fresquinhos. Se já está verde na hora em que chego à esquina, espero o próximo, olho para os dois lados mesmo em ruas de mão única e atravesso rápido como quem furta.

Mas subestimei os brios do motorista que vinha do começo dessa rua estreita e sem sinal. Aparentemente calmo, ele dirigia devagar e dava tempo para que eu fizesse a travessia sem tentar bater algum recorde de corrida. Mas esta vida é prenhe de surpresas (hoje estou um verdadeiro Montaigne; daqui a pouco observarei, com grande originalidade, que o futebol não tem lógica e quem vê cara não vê coração) e, para infortúnio meu, ele me viu. Assim que me viu, baixou nele o verdugo que reside n'alma de nove entre cada dez motoristas brasileiros e mostrou que seu possante 1.6 era máquina suficiente para botar um pedestre petulante em seu lugar. Acelerou e, num segundo, passou por mim, quase aparando as unhas dos pés que eu mal acabara de pôr para fora do meio-fio e, entrando no cruzamento, reduziu a marcha a fim de me lançar um olhar censório e desdenhoso, para depois, lição ministrada, continuar seu trajeto.

Se ele tivesse parado um tempinho, eu certamente aproveitaria para agradecer-lhe. É sempre bom que nos ajudem a manter os reflexos em dia e a não esquecer as regras básicas para a conduta do pedestre. Entre estas, sobressai a norma segundo a qual, se o pedestre não dá preferência ao carro ou por acaso atravessa com o sinal já fechado, o motorista tem pleno e inalienável direito de atropelá-lo. Se o pedestre vier a morrer em conseqüência de seu ato incivilizado, azar o dele, mereceu. Até mesmo porque, como se sabe, uma das melhores maneiras de assassinar alguém vigora no Brasil, que, nessa área, também se destaca no concerto universal das grandes nações. Basta encher a cara e atropelar o desafeto. A lei diz que dirigir embriagado é agravante, mas na prática é atenuante: o pobre do motorista, que, aliás, se mostra sempre abaladíssimo com o sucedido, bebeu um pouco, coitado, e o pedestre atravessou desatentamente — explicará o delegado. Paga-se uma fiançazinha de dez mirréis, vai-se para casa curar o porre (ou tomar outro, para celebrar a consecução exitosa do homicídio) e, uns 18 anos depois, com algum azar, pega-se uma condenação de seis meses em regime aberto. Não sei o nome desse educador desprendido, mas, onde quer que ele esteja, creia-me seu mais obrigado e grato admirador.

E pensar que já fui motorista. Verdade, não vos minto, já dirigi e me tinha na conta de levemente superior ao Piquet. Levei muito tempo para compreender minha inata condição de barbeiro e agora faz mais de 20 anos que não tenho, nem quero ter, habilitação. Ajudou-me, nessa penosa admissão, um episódio acontecido na Bahia, quando, arrostando filas, tumultos e esbregues de funcionários do Detran, falhei em sucessivas tentativas de conseguir fazer exame de vista, para renovar a carteira. Um repórter de jornal, na mesma ocasião, tinha obtido, para um ceguinho, uma carteira de motorista profissional. (O ceguinho, por sinal, foi ótimo. Brandindo a carteira estalando de nova, declarou que havia aceito tomar parte na empreitada para chamar a atenção para o fato de que muitos deficientes físicos tinham condições de trabalhar. "Eu mesmo, embora prefira outra colocação, posso até ser motorista de ônibus, porque carteira eu já tenho", disse ele, grande ceguinho.) Aí eu, que já estava me tornando uma espécie de celebridade local pela minha lendária inépcia ao volante, resolvi que não ia fazer exame de vista num Detran que dava carteira a cego e desisti de vez.

Não contava, porém, com a necessidade de reeducação, reciclagem e permanente atualização, para exercer a árdua condição de pedestre. Acredito que hoje sou um pedestre razoável e conheço todas as regras de etiqueta aplicáveis à nossa sofrida categoria. Por exemplo, nunca esqueço de agradecer em profusão quando o motorista, abdicando generosamente de sua prerrogativa de me executar, me faz sinal para passar. Em qualquer lugar do mundo, até mesmo em Manhattan, cujo tráfego não é reputado pela polidez, considera-se natural o carro parar para o pedestre. Aqui não, aqui a gente tem de esperar a autorização e agradecer e, sem falsa modéstia, disponho de vasto elenco de acenos, sorrisos e mesuras para expressar meu reconhecimento.

Em outras áreas, contudo, devo admitir que ainda deixo a desejar. Por exemplo, por mais que tente, não há jeito de habituar-me à acelerada em ponto morto que motoristas, parados no sinal fechado, põem em prática, com o mero fito (o brasileiro é um povo muito brincalhão) de dar um susto no pedestre que passa pela faixa. Já sofri diversos mini-enfartes em tal situação e venho pensando em tomar um tranquilizante sempre que precisar sair. É a grande solução para o pedestre. Notadamente agora, com o "Avança Brasil", que, se bem conheço nossa mãe gentil, terá como mais notável resultado legitimar o avanço de sinal já consagrado pela tradição. Depois falam mal do governo. Incentiva-se a indústria de remédios, agiliza-se o trânsito nas grandes cidades, faz-se controle populacional através da matança seletiva e humanitária de pedestres e esse pessoal ainda reclama. Assim fica difícil.

Aventuras no calçadão

As voltas que o mundo dá, quem te viu, quem te vê, nada como um dia depois do outro, nunca diga "desta água não beberei" — tudo isso me ocorre, ao ver-me no calçadão da praia, fazendo em passo acelerado o percurso de ida e volta do Leblon ao Arpoador. Com exceção de futebol, quando eu era desses fominhas de bola que não queriam parar nem depois que escurecia, sempre tive horror visceral a qualquer tipo de exercício físico. Uma vez, na Bahia, por pressão de amigos e insegurança amorosa, matriculei-me numa academia de ginástica, para tirar a barriga — o famigerado e pouco atlético brama-peito. Disseram-me que, no começo, eu ia ficar cansado, os músculos iam doer, mas depois eu ia ver que magnífico bem-estar sentiria, depois da ducha pós-malhação. Freqüentei a academia uns cinco meses e, invariavelmente, me sentia um farrapo humano, antes, durante e depois (quanto à barriga, prefiro não fazer comentários).

Tendo abandonado o rude esporte bretão quando, na condição, como se dizia naquela época, de beque direito, qualquer ponta-esquerda passou a me parecer ter a velocidade de um fórmula 1, dei para, no máximo, disputar, com singular incompetência, torneios de futebol de mesa, palitinho, sinuca e xadrez. Fazer força, me agitar, pegar peso, nunca. Mas eis que a mão cruel do destino interferiu e, ao examinar-me, um médico concluiu que minha energia era equivalente à de um cágado cheio de

Lexotan. "Você vai andar no calçadão", disse ele. "Ou então vai acabar tendo dificuldade em se levantar de uma poltrona."

Como, embora não lhe tivesse contado, eu já andava mesmo com preguiça de me sentar, quanto mais de me levantar, resolvi heroicamente enfrentar o calçadão. Foi uma decisão dura, várias madrugadas de dúvida e relutância, mas, numa bela sexta-feira, surpreendo-me atravessando lepidamente a praça Antero de Quental, para demandar o calçadão. Não deixaram de ser emocionantes esses primeiros momentos, porque um diabinho baiano que não cessa de acompanhar-me garantia que eu cairia duro para trás, depois dos primeiros 300 metros.

O primeiro problema foi a adoção de um estilo. Observando pela primeira vez meus companheiros de luta, notei que faz parte do calçadismo ter um estilo. Não queria parecer um calouro ou talvez ser até alvo de comentários desairosos sobre meu porte. Fiquei parado no ponto de partida algum tempo, em busca de inspiração com alguém. Não, não, andar assoprando e batendo os braços feito um galo cocoricando, como aquele senhor de barba, não. Talvez o peito erguido e o semblante condoreiro do senhor de cabelos revoltos. Não, não, até porque me faltam cabelos e não quero insultar a memória de meu conterrâneo Castro Alves. Os pulinhos e assovios esvoaçantes do cavalheiro de camisa fluorescente, nem pensar. E já estava até disposto a adotar o estilo caminhar abrindo e fechando as mãos (não sei para quê, mas tanta gente faz isso que deve obrar maravilhas circulatórias em todo o organismo), quando lembrei minhas raízes nordestinas e resolvi adotar o estilo Lampião, marchando em frente sem frescuras, vencendo mais essa légua tirana, na esperança de que ninguém estivesse olhando.

Tenho aprendido muito. Aprendi, por exemplo, que não se deve tentar desafiar um capenga no calçadão, é derrota certa. Incomodado porque, apesar de achar que estava andando depressa, era sempre ultrapassado e não ultrapassava ninguém, a não ser os caquéticos e os que vão lá para bestar, achei que podia pelo menos restaurar parcialmente meu brio ferido, pegando o capenguinha que ia à minha frente. O capenguinha marchava firme, arrastando um bocadinho a perna esquerda, mas mantendo um ritmo respeitável. Contudo, era capenga. Não é possível que eu não ultrapasse um capenguinha — pensei, tomando fôlego e engatando uma terceira, para encaixar uma quarta nos momentos seguintes.

O capenguinha era mais difícil de alcançar do que eu pensara e, antes de eu chegar a ele, duas senhoras vigorosíssimas me ultrapassaram airosamente. Mas persisti, emparelhei com ele e o deixei para trás. Contudo, nesse instante, devo ter cometido meu erro fatal, porque o olhei, certamente denunciando uma certa presunção pela aparente vitória. O capenguinha não me deu ousadia. Levantando mais a perna esquerda do que antes e, paradoxalmente, capengando de maneira mais acentuada, acelerou tão bruscamente que quase senti um ventinho, quando ele me passou. Aquilo não ia ficar assim. Chamei o Carl Lewis em mim e fui ao combate com todas as forças. O capenguinha, nem aí. Toda vez que eu chegava perto, ele levantava mais a perna esquerda e me deixava comendo poeira. Além disso, como dizem os narradores de automobilismo, fui atrapalhado várias vezes pelo tráfego, que ele evitava como Romário evita zagueiros, mas que me bloqueava à exasperação, como o pessoal com camisetas de um tal Clube dos Safenadinhos, que resolveu flanar na minha frente. Desisti pela altura do Jardim de Alá, na hora em que ele já devia estar chegando ao posto 8. ("É isso mesmo", disse depois meu analista, que foi o inventor dessa minha nova atividade. "Ultrapassar capenga é dificílimo.") Vivendo e aprendendo.

Sim, vivendo e aprendendo. Por exemplo, de modo geral, nós, calçadistas, estamos ali para a *mens sana in corpore sano*, no meu caso mais aquela do que este. Há, no entanto, notáveis exceções. Um cidadão atarracado, de chapéu de feltro e óculos escuros panorâmicos, passa sempre por mim de chinelo, arrastando os pés e pitando um charuto enorme. A dele não é propriamente andar no calçadão e muito menos entrar em forma, a dele é fumar charuto no calçadão e manda a democracia que defendamos seu direito de fazê-lo. Outro exemplo é o pessoal viradão, que está encerrando o expediente (ou começando o outro) entre chopes, caipirinhas e transes amorosos. Lembro o tempo em que já fui capaz de fazer essas coisas, tenho arrepios.

Finalmente, aprendi que calçadão também é cultura. Venho retornando do Arpoador, perguntando a mim mesmo se conseguiria voltar para casa ou se chamava logo uma ambulância, quando deparo a figura distraída de meu confrade acadêmico embaixador Sérgio Paulo Rouanet, vestido quase do jeito com que vai à Academia. Mas que surpresa! Pois é, estava vindo da Alemanha de férias, resolvera matar as saudades do Rio, dando uma andadinha no calçadão. Mas trazia um livro na mão, era algum manual do calçadista? Não, não era, era um romance de nossa confreira Rachel de Queiroz que ele, lamentavelmente, ainda não tinha lido e aí, enquanto andava, tirava o atrasado. Gostei do estilo dele, que passarei a chamar de acadêmico e que estou pensando seriamente em adotar, só que com um objetivo talvez menos edificante. Meu plano é sair carregando a obra completa de Machado de Assis e jogá-la toda em cima do capenguinha.

Mantendo a forma

Vítima contumaz do terrorismo médico que nos assola em jornais, revistas e reuniões sociais, todo dia me convencem de que serei ceifado ou, no mínimo, entortado definitivamente pelas doenças que nos pegarão, quer deixemos de fazer, quer persistamos em fazer alguma coisa. Todo maníaco que, como eu, não resiste a ler matérias sobre medicina e saúde sabe que não se passa semana sem que surja um relatório de pesquisa, demonstrando cabalmente que o que ontem matava hoje traz longevidade, ou vice-versa. Nem comer, o que antigamente era um ato de grande simplicidade (para quem tinha acesso a comida, o que nem sempre há sido o caso entre nós), é mais possível sem estresse, seja porque a comida vai nos vai entupir as artérias, seja porque nos vai empeçonhar com venenos que causam mortes horrendas, seja porque vamos pegar cólera e ingerir todos os coliformes fecais do emissário submarino ou — terror dos terrores — vamos virar monstros verdes e disformes, por consumir alimentos modificados geneticamente.

No setor forma física, contudo, parece haver relativa homogeneidade teórica. Devem-se praticar exercícios moderados e constantes, deve-se manter o peso correto (embora, é claro, amanhã saia um relatório de pesquisa afirmando que, inexplicavelmente, os habitantes obesos de uma das ilhas Fiji têm uma expectativa de vida 60 por cento superior à dos magros), o tônus muscular, a flexibilidade etc. Divergem, bem sabemos, os métodos para conseguir esses elevados objetivos, mas os objetivos praticamente não variam. Por conseguinte, estou vivendo em grave pecado e tenho de tomar providências.

Deixar de fumar, como já lhes contei, foi para mim um sucesso: engordei quinze quilos, minha pressão subiu e não sinto nem novos cheiros e sabores, nem tampouco me tornei o Casanova do Leblon — nem mesmo o Casavelha, pensando bem. Um cardiologista alemão amigo meu, o inatacável dr. Willibald Christoph, curtiu com a minha cara, ao tempo em que pitava seu cigarrinho. A forma física, que já não era assim comparável à de Michael Jordan, se tornou muito pior. Com mais de meio século nas costas, tenho de reconhecer que já não sou o mesmo e urgem providências.

Bem verdade que a Natureza, comigo tão madrasta em tão vasta medida, tampouco aliviou a mão quanto à minha habilidade esportiva. Nem bola de gude eu acertava a jogar e jamais consegui empinar uma pipa (na Bahia, arraia). Procuro mentir indecorosamente sobre minha carreira de jogador de futebol, mas sou forçado a admitir que, junto a mim, Dadá Maravilha teria um toque de bola semelhante ao de Didi. É verdade que, sob a alcunha de Delegado, brinquei nas onze em diversas agremiações soteropolitanas (designação que devo explicar novamente ser o nome com que os filólogos decidiram xingar os cidadãos de Salvador; meu consolo é quem nasce em São Luiz e se chama ludovicense — mas nada pior do que soteropolitano) e itaparicanas, e fazendo carreira na zaga direita, onde chutava aplicadamente as canelas dos pontas-esquerdas adversários, não tanto por falta de esportividade quanto por ser ruim de bola mesmo. Na única ocasião em que fui goleiro (uma emergência: não havia reserva e uma jaca caiu na cabeça do titular, deixando-o um pouco abalado), engoli as três bolas que chutaram à meta por mim guarnecida. Tomamos 5 a 2, mas eu só joguei de goleiro meio tempo e, além disso, foi tudo culpa dos beques e má-fé de Sua Senhoria.

Admirador de Sugar Ray Robinson, tentei o boxe, mas, no dia em que me explicaram que iam quebrar meu nariz, decidi abandonar os ringues e nem passava por perto da porta da academia. Na fazenda de um parente, cavalguei uma mula supostamente mansa e ela disparou comigo desavorada, pelo meio das brenhas, sendo contida somente pela interferência, ô vergonha, de uma prima muito mais moça do que eu, menina mesmo. E assim passei vexame em campos, quadras e pistas. O maior deles foi quando, incompreensivelmente integrando a equipe de salto em distância do Colégio da Bahia nuns jogos estudantis, meu calção rasgou-se em pleno ar e eu estava — como direi? — desprevenido.

Mas agora não, agora tenho que fazer alguma coisa. Para calçar meias, sou obrigado a vários minutos de alongamento e concluo a operação ofegante e coberto de suor. (Quem se espanta em só me ver de sandália de dedo ou alpercata desconhece o poder da barriga aliada ao da junta dura.) Ao ser eleito para a Academia, não dispondo meu famoso guarda-roupa de um terno ou paletó, tive que fazer enxoval. Perdi o enxoval todo e agora apareço lá com umas combinações esdrúxulas e paletós que me emprestam a aparência de um provolone, fato que o dr. Oscar Dias Corrêa desaprova não sem certa acidez, embora carinhosa, e a dra. Nélida Piñon, conhecida por sua generosidade, elogia com a eloqüência possível nas circunstâncias.

O calçadão ficou difícil, porque a freguesia aumentava todo dia e até com abaixo-assinado me paravam, fazendo discursos na busca de minha adesão a todo tipo de reivindicação imaginável, para não falar nas humilhações cotidianas que me infligia o capenguinha fundista. Não sei embuçar-me como o Zé Rubem Fonseca, o escritor das mil faces, que, além de tudo, finge que não vê ninguém com espantosa habilidade. A academia de ginástica, eu não vou porque tenho vergonha de não acertar a fazer nada e medo de que quebrem meu nariz — trauma de juventude é trauma de juventude. Depois de muito meditar, acabei comprando uma esteira rolante, toda cheia de bossas eletrônicas. Já andei nela umas dez vezes. Jogar xadrez por carta com um amador da Chechênia deve ser mais distraído. Mas hoje, depois de um pré-infarto ao tentar abotoar uma calça, podem ter certeza de que, segunda-feira, entro no regime férreo da esteira. Não esta segunda-feira, claro, que está muito perto e ainda não deu para o preparo psicológico. Mas na próxima, sem falta. Estarei um Apolo em poucos meses, aceitarei galanteios.

Sem olhos em casa

Em alguma das muitas coberturas destas redondezas, estão fazendo um churrasco. Cheirinho bom. Como não posso mais continuar a ler por enquanto, resolvo ficar sentado junto à janela, sentindo o cheiro e tendo recordações difusas. Mas me pergunto se por perto não haverá algum vegetariano exaltado, que já esteja telefonando para a Feema, ou qualquer coisa assim. Esse tipo de atitude é cada vez mais comum e suponho que muita gente concordará com ele, se alegar que o cheiro do churrasco é poluição. E com certeza há um estudo americano demonstrando que o indivíduo exposto aos fumos deletérios de carnes chamuscadas — talvez chamado de chuleteiro passivo — sofrerá, depois de umas vinte cafungadas, os mesmos efeitos medonhos que a carne produz em quem a consome diretamente. Como existem argumentos contra qualquer cheiro, imagino que o único ambiente aceitável, no futuro próximo, será aquele em que não houver cheiro nenhum. Prevejo o dia em que algum infeliz será processado por comer alho ou usar um desodorante paraguaio. Ainda um americano, segundo li numa revista, dedica a vida a denunciar o gado bovino como uma das grandes ameaças à saúde da biosfera e à própria sobrevivência do planeta. Alarmantes, os cálculos que ele fez sobre os gases lançados ao ar pela notória flatulência de bois e vacas, não é coisa para espíritos frágeis. Mas não quero ocupar-me dessas questões inquietantes, já chega esse vizinho de alma rude não me ter convidado para o churrasco. Acho que vou telefonar para a Feema.

■   ■   ■

Mas por que desperdiço meu tempo (e o seu) em remoer bobagens, em vez de ler ou trabalhar? Por que o cheiro de um churrasco me parece tão esplêndida aventura sensorial? Explico. Faz umas duas semanas, fui dormir à tarde e, à noite, acordei cegueta. Parecia que alguém acendera um holofote na minha cara e agora eu estava permanentemente ofuscado, vendo tudo embaralhado e encoberto por manchas. De perto, mais embaralhamento, a ponto de ser difícil ler e escrever textos longos, razão por que hoje isto aqui vai em pedaços.

Depois de uma hora de inspeção, o oculista, perplexo, diz que não encontrou nada. Dá um remedinho para testar uma hipótese, mas acha que vai acabar tendo de mandar fazer um exame que chama de "mais agressivo". Injetar-me-ão na veia um líquido suspeito — e, naturalmente, morrerei de pronto, porque vão injetar formol por engano, ou o laboratório que fabrica o contraste estava em falta dos isótopos habituais e usou plutônio 239 e, antes de ser enterrado, meu caixão vai iluminar todo o cemitério. Não me descuido, leio os jornais e, nesse ponto, sempre fui da freguesia do Ó — aqui pra você etc. Evadi-me.

Na esperança de fugir do contraste atômico na veia, vou a outro médico. Muito experiente, faz uns exames e explica que meus sintomas podem ser de várias coisas, mas ele já tem um palpite, que vai verificar com uma espiada minuciosa no fundo do olho. Espia, espia e, sem me ter visto fumando, pergunta quantos cigarros eu consumo por dia. Respondo a vergonhosa verdade: só não fumo dormindo. Pois é, diz ele. Problemas vasculares no fundo do olho, mais que certamente causados pelo tabagismo. Espasmos, ameaços de isquemia, essas coisas que só dão nos outros, até o dia em que dão na gente. Resumindo: ou deixo de fumar, ou fico cego de vez.

Aqui espichado, lendo entre intervalos de descanso, medito sobre minha condição com uma tranqüilidade que, antes, não

acreditaria possível. Deve ser porque o caso ainda não é considerado gravíssimo, deve dar para resolver. Mas, sem parar de fumar, nada feito, cegueira. Lembro um ensaio de Bertrand Russell
lido há muito tempo, em que ele diz que os hábitos são muito
importantes, muito mais do que geralmente se avalia. Tanto assim que, em inúmeros casos, os homens preferem morrer a aban-
doná-los. Grande verdade, penso eu, enquanto pondero, com
estranhíssima calma e mais estranha dúvida, sobre se prefiro ficar
cego a deixar de fumar.

■ ■ ■

O engraçado é que esse negócio de cegueira sempre foi uma
espécie de obsessão minha, como sabem os amigos vitimados
por minhas conferências. Se eu tivesse condição de ler as letrinhas
miúdas dos livros de referência, poderia fazer aqui uma boa lista
de escritores cegos ou meio cegos, mas, mesmo de cabeça, o rol
não deixa de impressionar. Começa agourentamente com o patrono de nós todos, Homero. Depois vem o patrono dos de
língua portuguesa, Camões. E Milton, Joyce, Borges, Sartre,
Thurber, Camilo, Castilho, Huxley... Há muitos outros, mas a
memória agora me trai, quase tanto quanto a vista. O fato é que
escritor é meio chegado a ter problemas nos olhos — e observe-
se quantos deles cujos primeiros nomes, como o meu, começam
com *J*: John, James, Jorge, Jean-Paul, James outra vez.

Convivi umas duas semanas com um participante dessa lista, Huxley. (Aldous Leonard Huxley, felizmente; acho que o
irmão Julian morreu enxergando.) Ele esteve em Salvador, no
fim da década de 50. Foca de jornal, fui entrevistá-lo e devia ser
um menino tão honestamente bobo que ele gostou de mim e
conversávamos no hotel todas as noites, ele, a mulher dele e eu.
"*I can hardly see at all*", me disse ele, com um sorriso meio tor-
tinho. "*And I don't give a damn, really*". Isso mesmo, não enxergava quase nada e não parecia importar-se muito com isso.

Uma vez leu um papel na minha frente e não me esqueço de sua técnica: pegar o papel com um gesto decidido e praticamente encostá-lo no canto do olho direito, com a boca ainda mais tortinha que o costumeiro. Parecia um mágico de auditório, fingindo que lê o conteúdo de um envelope fechado. Espero que funcione comigo, vou começar a ensaiar, antes de aprender braile. E espero a indulgência do leitor para com o trocadilho, infame porém inevitável, que dá título a estas linhas. Lembrei de *Sem olhos em Gaza*, um dos romances do velho. Não sendo nem Sansão nem Huxley, fico sem olhos em casa mesmo.

■   ■   ■

Como é que faço, se ficar cego? Escrevo ditando? Tenho vergonha de escrever na frente dos outros. Além disso, não sou orador. Orador é que escreve com facilidade, escritor escreve com dificuldade. Mas talvez consiga adaptar-me, embora abdicando de certas conquistas do ofício de articulista. Nunca mais poderei adotar a tática tão estimada entre nós, ocupantes desta e de outras páginas notáveis, que é escarafunchar laboriosamente dicionários de citações e similares, para começar um artigo assim: "Estava eu remexendo uns cadernos antigos, quando, de surpresa, topei com Horácio: uma anotação ligeira, rabiscada pela caneta-tinteiro do adolescente que eu então era. Meu latim anda enferrujado, mas *non omnis moriar* — 'não morrerei de todo' — parece agora saltar das páginas das *Odes*, na minha juvenil primeira leitura. Cego, sim, meu bom e velho Quintus Horatius Flaccus, mas *non omnis moriar*. O impulso criador..."
Sim, Huxley tinha razão, não faz essa falta toda. Com cegueira ou sem cegueira, a quota de chutes a que todo leitor dominical tem direito continua inalterada; podem esperar de mim, como se diz hoje, o meu melhor. Até porque somente uns dois de vocês vão ter a pachorra de ver se Horácio escreveu isso mesmo. Escreveu, sim, foi padre Bragança, meu professor de latim,

quem me ensinou. Mas não garanto nada, padre Bragança também enxergava mal. Nós, cegos, podemos ser muito perigosos, o bom de poder pensar é que em tudo há um barato.

BEM-TE-VIS E OUTROS PASSARÍDEOS

ANTES QUE O PREZADO AMIGO ou a encantadora senhora peguem da pena para escrever uma carta fulminando minha ignorância, me apresso a reconhecer que a palavra "passarídeo" não existe, embora eu ache que devia existir. É como "borboletáceo", criação famosa de um vestibulando de Medicina, em Salvador, nos mitológicos tempos em que os vestibulares não eram unificados e faziam-se provas orais. Pode haver quem prefira "lepidóptero", mas considero "borboletáceo" uma palavra necessária em nossa língua. Creio de bom alvitre procurar os préstimos do consagrado vate e meu amigo Geraldo Carneiro, para ver se consigo que ele encaixe um borboletáceo num poema, assim legitimando seu ingresso no vernáculo.

Na realidade, como pode verificar quem quer que disponha de um dicionário, o bem-te-vi é um passeriforme, ou seja, partilha de características comuns à maioria dos outros passarinhos. Mas tanto o grande ornitólogo Tom Jobim quanto eu, seu aprendiz nas nossas tertúlias de churrascaria, criamos os passarídeos e classificamos arbitrariamente dezenas de aves sob essa categoria. Não é simples, requer muita sensibilidade. Por exemplo, o bem-te-vi, o sabiá e o sanhaço são passarídeos. Já o curió — *Oryzoborus angolensis*, desculpem — não é, conclusão a que chegamos depois de dois dias de debate intenso. (Fiquei com uma saudade horrorosa do Tom agora, diabo de vida besta.)

Falo em bem-te-vis porque há uma família deles que reside aqui perto e me visita com freqüência, notadamente Felipe Raposo, enorme e eloqüentíssimo, que costuma reclamar no terraço, quando não encontra o que procura, no caso uma ou duas uvas, que habitualmente ponho à disposição dele, junto ao pé de pinhão roxo. O prenome é Felipe porque ele tem cara de Felipe e o sobrenome é Raposo porque ele só gosta de uvas verdes, lembrando, *per vias non rectas*, a raposa da fábula. É raro o dia em que Felipão não aparece. Quando não encontra as uvas, se empoleira no alambrado e atita indignado, até me chamar a atenção. Depois de fazer o que suponho ser um protesto inflamado em língua de bem-te-vi, com talvez um palavrão ou outro, retira-se provisoriamente, para me dar tempo de ir buscar as uvas lá embaixo. Uvas postas, ele regressa, passa algum tempo praguejando em seu poleiro e em seguida desce, apanha a uva e desaparece, sem agradecer. Claro, devemos mais aos bem-te-vis do que eles a nós, não faço senão a minha obrigação.

O bem-te-vi, em certos círculos, tem uma reputação meio desabonadora, mas estou seguro de que se trata de difamação. Comenta-se em todo o Nordeste que é uma ave amaldiçoada, porque, quando o Cristo estava sendo procurado pelos romanos para ser supliciado, ele dedou a localização do Senhor. Já me envolvi em diversas polêmicas sobre o assunto e creio que, pelo menos em Itaparica, o bem-te-vi foi redimido, porque argumentei que, em aramaico, latim ou hebraico, bem-te-vi não quer dizer "bem te vi". Além de tudo, como pode ser amaldiçoado um pássaro tão belo, com suas cores delicadamente harmoniosas e sua faceira máscara preta, igual à do Zorro? É tudo óbvia maledicência, assim como espalhar que a rolinha fogo-pagou, aquela chata de canto insuportável, é abençoada porque teria dito aos centuriões que o fogo apagara o rastro do Cristo. "O fogo apagou" também é diferente em aramaico.

O bem-te-vi, não obstante essa história de maldição, é muito admirado, notadamente pelo seu caráter, habilidade, coragem e inteligência. Dificilmente um bem-te-vi se cria em gaiola. Diz o povo em Itaparica que, se algum passarinheiro pegar um filhote e o puser na gaiola, mais cedo ou mais tarde vai encontrá-lo morto. Na hora em que o passarinheiro botar a gaiola ao ar livre, para o bichinho tomar sol e vento fresco, os pais virão e, através das grades, lhe darão uma frutinha venenosa, com a qual ele se suicidará, preferindo a morte à humilhação do cativeiro. Eu mesmo nunca testemunhei um evento desse tipo, mas em Itaparica ninguém mente, de forma que deve ser verdade.

Bem-te-vi também é jogo duro até para gavião, e isso eu já testemunhei. O gavião é uma espécie de caça a jato, talhado para grandes piques e rasantes. Já o bem-te-vi, apesar de voar muito bem, é mais assemelhado a um helicóptero, embora, nem de longe, tanto quanto o beija-flor. (Tem beija-flor aqui no terraço também, de vários modelos, todos passarídeos, apesar de xingados de micropodiformes troquilídeos pelos ornitólogos caretas.) O gavião enxerga o bem-te-vi lá do alto, prepara as asas, adelgaça a fuselagem e parte como uma flecha para cima de sua pretensa vítima, que aparentemente nem está notando nada. Quando o gavião chega pertinho, o bem-te-vi faz uma manigância especial, desviando-se do gavião, que não tem manobrabilidade para interromper seu mergulho, de maneira que o bem-te-vi consegue ficar por cima dele e dar-lhe umas bicadinhas rápidas na cabeça — e bicada de bem-te-vi deve doer bastante, porque o preparo físico dele é muito bem reputado. O gavião se recompõe e prepara novo pique, mas o bem-te-vi utiliza a mesma tática, até que o outro desiste e vai pegar um frango ou uma cobra. (Depois me lembrem de contar como é que o gavião pega cobra para comer, é coisa de alta estratégia, vão pensar que estarei mentindo, mas contarei a puríssima verdade.)

Hoje deve estar havendo uma espécie de convenção, aqui no terraço. Felipão pegou as uvas cedo e, contrariando sua rotina, voltou, na companhia de alguns familiares, entre os quais, suspeito eu, a sua dele senhora. O contingente de rolinhas (que não são passarídeos) é também vasto. Carlos Antônio, o sanhaço-de-mamoeiro, que havia muito tempo não dava o ar de sua graça, também marcou presença. A certa altura, imagino que teve alguma desavença com Felipão e, não sendo besta, acabou se recolhendo no canto oposto do terraço. E Nelsinho, o sabiá assim chamado, por seu gogó de ouro, em homenagem ao grande Nélson Gonçalves, também veio e deu uma pequena canja. A ária habitual, mas com umas colorações inovadoras. Meu terraço, modestamente, se orgulha em ser mais um espaço cultural desta cidade.

MEU AMARELO MANTEIGABICHO

EU IA ESCREVER, como se diz na língua-patroa, "*my yellow butter-fly*", mas, na qualidade de pioneiro (candango, aliás; pioneiro mesmo é o Homem) em nosso acelerado processo de integração na comunidade norte-americana, pensei, pensei, e resolvi que seria exagero querer que todo o povo brasileiro passasse diretamente a falar bem inglês, assim de uma hora para outra. Não se pode querer tudo de nosso povo, embora se tente — é ufanismo exagerado, até para pastar requer-se algum aprendizado. Vamos primeiro nos acostumando à rica sintaxe da língua-patroa, que, ao contrário de nosso tartamudear neandertalesco, raramente admite adjetivos pospostos aos substantivos (o português os admite e até costumeiramente os aconselha e se ensaia para ver nuances de significado nesse troca-troca indecente de lugar na frase, perda de tempo cretina, o atraso é um horror mesmo). Vamos esquecer que nossos ancestrais culturais, inventores da língua latina, já escreviam tratados filosóficos enquanto os ingleses ainda se pintavam de azul (os famosos pictos, lembra da escola?) e se dedicavam, como até hoje, a pesquisar de que maneiras se pode escaldar carne para torná-la menos apetitosa e, por conseguinte, buscar reduzir o perigo da doença da vaca louca. (Não conseguiram, pois a doença persiste; em compensação, quem come carne na Inglaterra é louco, esses ingleses são uns gênios.) Isto não quer dizer nada e vamos perseverar em nosso esforço de adquirir precisão verbal e escrever "penalizar" em vez desse verbo burro que é "prejudicar", e parar com a mania de que preposições não são palavras para se acabar sentenças com. Para não falar em muitíssimas mazelas e muitíssimos defeitos de nosso expressar, com os quais lidar não tenho paciência de. Não sei para que alguém quer um subjuntivo, por exemplo, eta atrasinho de vida desgraçado, não sai nem uma bombinha atômica de um bom subjuntivo, basta o presente mesmo e é por isso que os falantes de inglês nunca são culpados de nada. Enfim. (*Oh, well,* como se diz em língua de gente.) *It's the fucking fucking language, as I fucking learned from the fucking movies at the fucking theater, fucking yesterday. Too fucking bad I fucking slept all the fucking movie through, fuck it,* cultura é cultura.

Sim, mas fico aqui babando despeito subdesenvolvido no seu jornal de domingo e, mais uma vez, não digo a que venho. Só que, desta feita, me preveni e digo a que venho. Venho tratar de uma borboleta amarela, mas, como temo que as novas gerações não mais entendam o que quer dizer "amarela" (ainda mais com essa flexão no feminino; inglês, que é língua de branco, não flexiona adjetivo, atraso nosso, atraso) e muito menos "borboleta", sinto-me no dever de fazer esclarecimentos e mea-culpa. Borboleta, essa palavra horrenda, quer dizer um bichinho (em inglês, tem *animal,* tem *bug,* tem *critter,* mas não tem bicho, vejam vocês de novo o atraso — por quanto tempo ainda suportaremos isso?) de duas asas, antigamente visto com freqüência e hoje em exposição num *shopping* da Barra da Tijuca, havendo bom tempo e não caindo raios. Não faz medo, é só um bichinho que trabalha polinizando flores e botando ovos poéticos. Em inglês, é muito melhor. Como qualquer inseto díptero e mesmo uns não tanto, não têm nome em inglês, são todos "*flies*". E *butter* é "manteiga". Certamente o rei Artur, como não conhecia nem manteiga, nem açúcar, nem tomate, nem batata, nem milho, nem oliva, nem nada que se pudesse lambuzar o pão com, usava uma borboletinha ali, outra acolá, para amaciar seu pão de cevada brava e seu javalizinho putrefato — perdão, *faisandé.* Então

o certo devia ser "mosca-manteiga" e seguramente o será em breve, eis que, na Academia, estamos aguardando com ansiedade a
visita do FMI para nos explicar como devemos falar e escrever.
"Bichomanteiga" me pareceu uma solução razoável. Quis usar
"bichinho", mas me lembrei que inglês não é muito chegado a
diminutivos desinenciais, estoutro atraso de vida, quando é muito
mais simples usar *little* (antes do substantivo, *mind you*), *itsy-
bitsy, teeny-weeny*, essas coisas tão de nossa infância. Desculpem,
I get carried away at times, como se diz isto em português? Não
vem ao caso, nada que valha a pena é dito em português, esqueçam, forguetem, deletem, mil perdões. Então fica "bicho-man-
teiga", se bem que ainda estejamos abertos a "manteigobicho"
ou ao sincrético "butterbicho", nunca se sabe a contribuição que
poderemos dar à humanidade, mesmo na nossa condição neces-
sariamente humilde.

É, mas falei tanto que quase não sobrou espaço para minha
borboleta. As borboletas não soem ser seres grandevos (uma alite-
raçãozinha e um pernosticismozinho, só para tirar recalque), mas
esta minha é. *Yellow* que faz gosto, quase *golden*, visita nosso
jardinzinho desde que vim morar aqui. Dirão vocês que estou
enganado, que não é a mesma borboleta. Retruco-lhes que enga-
nados estão vocês. Já não tenho mais mamangavas, abelhinhas e
outros *bugs*, que o *smokecee* (fumacê, ignorante) matou, na grande
luta pela saúde nacional que o Governo lidera. Mas a borboleta
amarela persiste, aparece aqui todo outono. E é a mesma, se bem
que possa ter sido privatizada sem que me fosse comunicado,
mas a isso estamos todos acostumados. Não, não, é uma borboleta pública, sem valor comercial e o ataque que faz às nossas
flores não é especulativo. Ela nem está pensando no pólen que
se acumula em suas patinhas, enquanto beija as flores distraidamente. Faz amor entre plantas apenas borboleteando, não é belo?
É, sim. E notei, atenção, entomologistas, que acham que estamos
mais para cupins do que para borboletas: enquanto ela sorvia o
néctar das flores, se agarrava nelas com suas seis graciosas pati-

nhas. E não é que as patinhas eram verdes? Eram verdes, coma-
dres e compadres, dava um conjuntinho verde e amarelo! Não
cessarão jamais as maravilhas, o verde e o amarelo, afinal, não
acabaram! Vamos botar fé, ainda nos sobram as borboletas,
não é pouca porqueira. Por essas e outras, o Brasil, apesar de
tudo, é um país que nunca deixaremos de ter esperança em. Sus!

IMPULSOS NORMAIS

TENHO CERTEZA de que uma das razões por que a ficção interessa as pessoas é que temos a curiosidade permanente de saber se os outros praticam as mesmas maluquices que nós, ou fazem aquilo que fazemos secretamente. Ler um romance é como olhar por um buraco de fechadura, disse Henry James. Por extensão, ver uma peça, um filme, uma novela de tevê. Todo mundo sabe que todo mundo já tirou meleca e passou o dedo embaixo da cadeira, mas testemunhar isso, ainda que com a ajuda da imaginação, é um grande consolo. Nem todos usam a franqueza de um amigo meu, que tem uma dessas poltronas antigamente chamadas de "cadeira do papai" e, no primeiro e único dia em que tentei sentar nela, me advertiu:

— Pode sentar, mas essa aí é a da meleca, hem?

(Pare de fazer essa cara de nojo, ponha a mão na consciência e se lembre do dia em que você também já passou o dedo por baixo da cadeira. E pare também de afetar horror pela palavra, porque, se você usasse, em vez dela, "secreção nasal solidificada", ou qualquer coisa assim, iam querer interná-lo(a) ou achar que o dr. Jânio Quadros havia baixado em você. As palavras, como as pessoas, sofrem discriminação. "Menstruada" só pode hoje em dia, antigamente nenhuma mulher decente ficava menstruada; somente no médico e acompanhada pela mãe ou irmã mais velha. Nos Estados Unidos, onde a hipocrisia, como tudo mais, é melhormente desenvolvida do que aqui, o número de expressões pudicas para banheiro (perdão, sanitário) é vastíssimo, incluindo "sala de descanso", "estação de conforto" e (este eu vi no interior de Iowa) "centro de alívio". No meu tempo de rapaz, quem dissesse "sífilis" em casa de família americana tinha que lavar a boca com sabão. Até para Deus eles têm eufemismos. Já que não se deve usar o Santo Nome em vão, eles substituem *God* por *Gosh* ou *Golly* e *Jesus* por *Gee* ou *Geez* — e, enquanto isso, como sabe todo mundo que aluga vídeo americano ou tem tecla SAP na tevê, a palavra mais usada na conversação americana, na condição de substantivo, adjetivo, pronome, verbo, advérbio, preposição, conjunção e interjeição, é *fuck* e derivados.)

(Novo, e admito que impudente, parêntese. Esta é a terceira crônica seguida, em que me desculpo por fazer digressões em excesso. Sei, sei, bato no peito, tentarei tudo para não tornar a outra. Mas tenho explicações. A primeira é que trabalho em casa. Se trabalhasse na rua, talvez me chamassem somente se a casa estivesse pegando fogo ou alguém acertasse na sena (pensando bem, não estou tão certo quanto a esta última hipótese). Mas, como trabalho em casa, abro a porta para os meninos, espero as compras do supermercado, desço correndo para ver por que gritaram lá embaixo e atendo o rapaz que veio consertar o fogão. Aí, largo o computador e, quando volto, demoro para descobrir no que estava falando. Pode não ser correto, mas há que se concordar que é natural. A segunda é que estou outra vez escrevendo um romance e aí me atacam crises de verborréia desatada, durante as quais fico atirando quilos de adjetivos e advérbios fora, para ver se consigo um texto decente. Quem paga o pato é o leitor desta, que pega essas sobras. Mas, pelo menos faço uma autocrítica honesta, sou do tempo da autocrítica.)

Sim, mas falava eu que as pessoas sabem que as outras fazem o que elas fazem, mas gostam de comprová-lo. Entretanto, suspeito que há coisas restritas a poucas pessoas, ou mesmo a uma só. Por exemplo, você tem impulsos loucos? Eu tenho. Estou muito melhor agora, mas ainda tenho. Pode acontecer a qualquer hora e em qualquer lugar e envolver os desejos mais estranhos. Um deles me ataca em aeroportos e às vezes tenho que dar uma caminhada para não ceder.

Trata-se da cena em que o paranormal em quem ninguém acredita tenta convencer algum desconhecido a não embarcar naquele vôo, pois pressente que algo terrível acontecerá. Eu quero fazer essa cena, no papel do vidente. Sento a uma mesa de bar ou restaurante de aeroporto, vejo um casal e ensaio mentalmente. Com licença, não quero incomodar, mas vocês estão no 107 para Madri? E, aí, trêmulo e quase aos prantos, suplico-lhes que não embarquem — é horrível, oh, meu Deus, todos esses corpos mutilados, destroços fumegantes, é horrível! Uma vez, em Frankfurt, fiquei tão à beira de fazer isso que só fui salvo pela intervenção de minha mulher, que lembrou que eu ia provavelmente ser preso e processado, não se devendo confiar excessivamente no senso de humor germânico. Mas, se eu fosse milionário, faria de qualquer jeito. Eu estava em Nova York em 59 (lembrar que estive em qualquer lugar em 59 me deixa irritadíssimo, gostaria de só ter começado a estar em 65) e Salvador Dalí, que também estava lá, deu um magnífico exemplo. Passeando de bengala pela Quinta Avenida, o grande homem repentinamente se deteve diante de uma daquelas vitrines cinemascópicas, encarou-a em pose de esgrima e estilhaçou-a com uma vigorosíssima bengalada. Tratando-se de Dalí, ele tanto pode ter pago o prejuízo quanto pode ter recebido uma bela grana da loja, mas o que interessa é a explicação que ele deu à imprensa.

— Dalí teve um impulso! — disse ele com os olhos esbugalhados, no inglês de sotaque francês e consoantes explosivas que gostava de usar.

Outro impulso que tenho é ficar fazendo a biografia de desconhecidos, geralmente em restaurantes ou aviões. Não sei se faço isso por ser romancista, ou sou romancista porque faço isso, mas sempre faço, pois, normalmente, não é um impulso que requeira a participação ativa de terceiros. Quase sempre o camarada fica lá, sem saber que está sendo meticulosamente biografado. A parte perigosa é quando me vem a vontade de conferir e, de novo, tenho que fazer um esforço colossal para me controlar. Mesmo porque posso ser romancista, coisa e tal, mas já tive a prova de que nem sempre estou certo. Foi outro dia mesmo, num boteco aqui do Leblon. Vi um casal discutindo, a moça com ar suplicante e aflito, o cara com jeito de quem estava botando banca. Escrevi logo o que se passava, coitada da moça, levando um fora. Com toda a certeza, ele arrumara outra no carnaval, passara na cara dela, humilhara a coitada. Humildezinha, não propriamente bonita, certamente trabalhadora de salário mínimo, que coisa chata. O rapaz se afastou, ela veio para o balcão com o mesmo ar choroso, ficou bebericando um refrigerante. A essa altura, biografia completada, instintos novelísticos reconfirmados, solidariedade humana em alta, não agüentei e lhe dirigi um paternal consolo. Haverá sempre um outro, disse eu.

— Tá me rogando praga? — disse ela. — Aquele mardito transou comigo duas vez e até hoje não pagou!

MALUQUICES VARIADAS

ESTÁ CERTO QUE, como disse Caetano Veloso, de perto ninguém é normal. No meu caso, trata-se de uma contundente verdade, com a agravante de que creio que, de longe, também não sou normal. Embora quem me veja assim sentado a uma mesa do aplaudido boteco Flor do Leblon (aliás, desculpem, mas o Leblon é inigualável; além de tudo 24 horas, temos agora uma quitanda 24 horas, com suco de frutas 24 horas, milho cozido 24 horas e, claro, mamões, mangas, abóboras, batatas e abacates 24 horas; é mole?) — sim, dizia eu, quem me veja placidamente sentado a uma mesa do Flor do Leblon ou do Tio Sam, respondendo com um sorriso aos cumprimentos de vizinhos e correligionários, talvez não imagine que estou pensando altas maluquices, ou tentando processar algumas já permanentemente incorporadas ao meu repertório.

Acho que a idade tem a ver com isso. Quando eu era mais moço do que todo mundo, muitas dessas coisas não aconteciam. Agora que só sou o mais moço na Academia, o que não é grande vantagem, considerando que o nosso menos mocinho tem cem anos e está em muito melhor forma do que eu, as maluquices vêm piorando bastante. Por exemplo, como sabe o meu reduzido e sofredor, conquanto leal, contingente de leitores assíduos, sempre fui chorão. Mas agora está demais. Hoje mesmo, lendo os jornais, choraminguei diversas vezes, pelos motivos mais implausíveis. Treme-me cá o queixo, umedecem-me cá os olhos, confrange-se a garganta e tenho de me levantar para não dar prosseguimento à constrangedora, quão pouco explicável, situação.

É a idade, sim. Na opinião sempre abalizada de meu ilustre confrade dr. Alberto Venâncio Filho, virei este chorão porque estou entrado em anos. Queixei-me a ele dessa síndrome outro dia e ele me garantiu o diagnóstico. "É a velhice", disse ele. "E vai piorar." Falar em público tem sido uma dificuldade. Nas duas parcas vezes em que falei na Academia, uma delas obrigado por outro preclaro confrade, o dr. Josué Montello, nessa época nosso presidente, falei com a voz espremida, à beira do chororô. Bem verdade que, na outra vez, eu estava pedindo à casa que manifestasse pesar pela morte de Tom Jobim e era natural que me emocionasse. Mas hoje choro até dando parabéns pelo aniversário de alguém, é um vexame permanente. Outro dia, num almoço em que se encontrava a bela e festejada cantante Fafá de Belém, vieram-me lágrimas aos olhos somente porque me lembrei dela cantando o Hino Nacional, o qual, aliás, já de muito eu próprio não posso cantar sem abrir o berreiro. Choro em missas, em jogos de futebol, em homenagens, em desfiles e em entrevistas, é um horror.

Se essa minha condição tão flébil (vá ao dicionário; como sempre lhe digo, é um excelente exercício dominical; não vale o eletrônico) já me faz não querer sair de casa, uma outra, igualmente vexatória, me reforça esse desígnio. Trata-se do que posso rotular de tremelicação documental. Não é todo dia, a não ser em bancos, eis que também padeço de bancofobia aguda. Em bancos, tremo sempre, inclusive para apertar os botões das maquininhas, tendo às vezes de usar as duas mãos, uma segurando a outra. Isso também ocorre, embora não com essa freqüência invariável, em repartições públicas de todos os tipos.

Mas a tremelicação documental é uma aquisição recente. Bate de repente, sem aviso. Lá estou eu, lépido e lampeiro, quando me aparece um documento para assinar, que pode ser um mero recibo de telegrama. Se o carteiro (estafeta, ainda se diz? sou do tempo do estafeta) me olha, a mão passa a trepidar como se estivesse eu a empunhar uma britadeira, em vez da caneta. Já recebi olhares estranhos de muitos estafetas, ao pedir licença, ir assinar o recibo lá dentro, fora da vista deles, e voltar com a assinatura devidamente aposta.

Naturalmente que isso se estende a qualquer tipo de documento, sendo que alguns saem com letra fibriladíssima, mesmo se assinados em completo isolamento. Quando uso cartão de crédito para pagar a conta do restaurante, disfarço e espero o garçom se afastar, para ousar tacar o jamegão. E autógrafo, meu Deus do céu? Outro dia, uma pobre senhora, aqui no Leblon, me parou na rua para pedir um autógrafo e deve comentar até hoje como o pobre escritor está com doença de Parkinson (não estou, já fui ao neurologista e não estou, estou é maluco mesmo). Não saiu nada, a não ser uns garranchos que nem eu mesmo entendi.

Os rituais diários também estão se complicando muito. Antigamente, eu ajeitava as coisas em minha mesa de trabalho uma vezinha só, embora isto fosse absolutamente compulsivo. Agora não. Agora é uma complicação impossível de descrever, que começa com a colocação do relógio de pulso em determinada posição e termina, aparentemente horas depois, com a definição da inclinação do teclado em relação à borda da mesa. Por alguma razão que desconheço, a borda do teclado não pode ficar paralela à borda da mesa. Normalmente, como hoje, a distância do lado esquerdo é 3,5 centímetros e a do lado esquerdo é 8,5, mas isso pode variar.

Sim, e em que estou pensando, placidamente sentado a uma mesa de boteco, com ar tão normal? Conto-lhe. Millôr Fernandes me disse que nunca ninguém viu um japonês, pois não existe um japonês, só existem vários japoneses. É nisso que eu fico pensando. Fico pensando em ver um japonês e telefonar ao Millôr para contar. Mas acho que a verdade científica está com ele. Falar em japonês, também desenvolvi a obsessão de... Deixa pra lá, isso pega e de maluco bastamos o dr. César Maia e eu.

Meu amigo rico e seu imposto

Esta é a época do ano em que mais sofro, porque quase tudo de que tenho medo patológico se harmoniza diabolicamente, através de um único veículo: a declaração do imposto de renda. Embora saiba que vão jogar meu dinheiro fora de todas as maneiras imagináveis — e algumas nem imagináveis —, não me incomoda pagar imposto de renda. Assumo uma atitude filosófica e nem mesmo suspiro, quando deparo com as mordidas aplicadas em todos os tostões que recebo. Vão levando, tudo bem, eu devo merecer.

Mas a declaração, não. A declaração me encurta a vida. Eu toparia qualquer negócio para não ter que sequer pensar nela, quanto mais fazê-la. O primeiro medo em que ela mexe é o do governo. Eu tenho medo de governo. De governo, de repartições e de funcionários. Não sei a origem disso, mas tremo e preciso tomar calmante, quando sou obrigado, por exemplo, a ir tirar passaporte. Deixei de renovar minha carteira de motorista há décadas, porque não agüentava mais o terror de cada renovação. Tenho sincera certeza de que, se algum dia me chamassem para explicar a declaração, não sobreviveria. Acho que nem passaria da notificação, ia ter que ser internado a partir da chegada dela.

O medo seguinte é de formulários. Já desisti de uma bolsa de estudos que me interessava, por causa de formulários. Era um mar de formulários e, depois de vencer alguns, tive uma espécie de *surmenage*, ficou impossível ir adiante. Não consigo entender formulários, cuja lógica é sempre um mistério para mim, como esses quebra-cabeças de revistas que tentamos decifrar, dedicamos algum tempo a isso e, concluindo que mais uma vez se confirma nossa burrice, desistimos. Tampouco consigo entender explicações para preenchimento de formulários. Muitas, é verdade, como certos manuais de programas de computador, são escritas em neandertalês. Mas outras, não. Mesmo assim, não compreendo nada e erro invariavelmente.

O terceiro medo é de fazer contas, principalmente como as deste ano. Em toda parte, diz-se, um dos princípios básicos da arrecadação é facilitar o pagamento do imposto. Ninguém gosta de pagar imposto e, portanto, deve-se conduzir a coisa da forma menos desagradável e incômoda possível. Aqui, não. Aqui é ao contrário. Aqui se faz questão de, além de tomar o dinheiro, torturar o tosquiado. Duvido que mesmo os que gostam de fazer contas não fiquem enervados com as mirabolâncias que seremos obrigados a enfrentar, conversão em ufir mês a mês e Deus sabe mais o quê.

E, finalmente, tem a parte do pagamento. Aí não é propriamente medo, é raiva reprimida, que, como se sabe, faz um mal danado. Porque, ufirado tudo, abatido tudo, deduzido tudo, percentualizado tudo, o paciente amigo que me ajuda com a declaração anuncia que fez o que pôde, mas eu ainda vou morrer num dinheirinho extra. Não foram suficientes, como sempre, os nacos que eles abocanharam ao longo do ano, necessário pagar mais — gostaria eu de aproveitar a extraordinária vantagem de pagar tudo numa quota única?

Nesse ponto é que vem a lembrança de meu amigo rico. Eu tenho um amigo muito rico, numa cidade do Nordeste cujo nome no momento me foge. Grande praça, inteligente, espirituoso, solidário, uma flor de amigo. Um dia, nesta mesma época sinistra do ano, eu estava conversando com ele sobre a declaração. Observei que, se eu, escritor em país de analfabetos, sofria tanto com a declaração de uma renda microscópica, ele, rico até os gorgomilos, devia sofrer muito mais.

— Não — disse ele. — Minha declaração pessoal é muito simples, quase não dá trabalho ao contador. A das empresas é que é complicada, mas a turma da contabilidade é muito boa.

— Como, simples? Com toda a grana que você tem?

— Pois é. Tem a declaração de bens, que é um pouco comprida, mas não tanto quanto você pensa, porque esse negócio de bens a gente tem de estruturar com cuidado. Se não tiver cuidado, eles pegam. Aí, não é brincadeira. Se eles pegarem, tiram o couro. Mas, fazendo as coisas bem, não há perigo.

— Mas e o dinheiro que você usa? Eu sei que você não é pão-duro, vai à Europa todo ano, manda filho estudar nos Estados Unidos, compra essas caixas de escocês...

— Ah, isso é tudo das firmas. Eu uso os cartões de crédito das firmas, pego nota fiscal, tudo é das firmas. Quer dizer, é meu, mas as firmas também são minhas. E minha mulher é diretora de umas duas firmas, de maneira que, quando viaja comigo, é despesa da firma. Se eu fosse fazer isso na minha contabilidade pessoal, estava lascado. Os carros mesmo, os carros são das firmas, a lancha também é da firma. Então a gasolina é despesa da firma. Você nunca me viu com dinheiro no bolso, viu? Eu mal toco em dinheiro, nem conheço mais dinheiro direito, com essas mudanças todas. Quando acontece eu precisar de dinheiro, tomo na mão de Oldiney. Oldiney é o motorista mais bem pago do Norte e Nordeste, vive cheio de dinheiro nos bolsos e deve ter no banco muito mais do que eu.

— E dá para encaixar todas essas despesas nas firmas?

— Dá, dá, são muitas, você vai fazendo uma distribuição. Além disso, ainda há os prejuízos. Eu tenho duas firmas para dar prejuízo. Uma é a de relações públicas, você sabe.

— Eu não sabia que era para dar prejuízo.

— Claro que é, por que você acha que eu ia montar uma empresa especializada em frescura e botar o tamanduá do meu cunhado na direção? Todo ano é um prejuízo da moléstia, ajuda muito nos balanços finais. A concessionária também é para dar prejuízo. Mas aí já é uma coisa mais sutil, não é bem um prejuízo, é mais uma... Bem, é muito chato de explicar, você não se interessa por essas coisas, é um homem da arte, vive em outro mundo.

— Vivo em outro mundo, uma conversa, eu vivo aqui neste mundo e neste país. E agora mesmo acabaram de calcular meu imposto de renda e vou pagar uma nota, por cima de tudo o que já paguei. Quanto é que você vai pagar?

— Ah, não sei, me esqueci. Besteira, já foi pago junto com a declaração, besteira mesmo, trocado, não dava nem para um jantar em São Paulo, desses retados mesmo, com vinho francês. Eu vou lhe contar uma coisa, até nem tenho orgulho disso, é uma coisa que nunca mais vou deixar que se repita, foi contador novo e distração minha. Eu estava distraído, quando assinei a declaração, isso tem uns três ou quatro anos. Você sabe quanto eu paguei, dessa vez?

— Nada.

— Eu já lhe disse que tenho um certo acanhamento disso, e é verdade. Não fica bem. Eu faço questão...

— Eu compreendo. Um sujeito rico como você não pagar nada fica meio chato.

— Não é isso, você não me deixou terminar. É o seguinte: naquele ano eu recebi devolução.

O formulário ainda não chegou. Sei que este ano são dois e que a escolha de um deles implica confiança no governo. Escolherei o outro. Dizem que é mais difícil, mas um reflexo condicionado me impede de examinar a alternativa. Enquanto isso, aguardamos a reforma fiscal. Estou seguro de que as coisas vão melhorar. Meu amigo rico vai continuar sem pagar e eu vou continuar pagando, mas tudo muito mais organizado. Talvez criem até um serviço de apoio psicológico ao contribuinte aterrorizado. Hipótese remota, bem sei, mas é sempre possível que o relator da reforma tenha um genro psicólogo.

A GLÓRIA TELEVISIVA

NÃO CESSO DE ME ESPANTAR com a importância da televisão no Brasil. Tenho a impressão de que, se anunciassem a abolição da tevê, dentro de cinco minutos todos perderiam a razão de viver e entraríamos em guerra civil ainda pior do que a que já vivemos. Ninguém lá fora, que eu saiba, discute televisão horas a fio, como aqui. Na verdade, não me lembro de nenhum papo sobre televisão, em nenhum outro lugar do mundo, que se tivesse estendido além de uma dica sobre um filme ou um jogo qualquer. E muito menos tenho lembrança de chegar à casa de um amigo e ficar das oito à meia-noite sentado com ele e outros diante de uma telinha, conversando somente durante os comerciais — e assim mesmo para comentar o programa.

Quando a gente volta, chega a ser um choque. Até porque, para quem não viu televisão brasileira durante mais de um ano (a não ser um ou outro capítulo de novela dublado em alemão, com o Carvana falando perfeito *Hochdeutsch*), fica difícil entender muitas conversas. Felizmente, me dou muito bem com o Chico da banca da esquina da Barão da Torre com a Vinícius e ele me conseguiu uma bela coleção de *Amiga,* por cuja via pude fazer minha atualização cultural e deixar de ser um pária. Sem as revistas e colunas especializadas em tevê, não há vida burra possível nesta parte do planeta e, sem vida burra, não há como cá sobreviver. Eu não suportava mais passar vexame por haver perdido *Pantanal* e — vergonha das vergonhas — ter entrado numa conversa sobre o Gorgulho pensando que se tratava de uma discussão a respeito de defensivos agrícolas.

Quem me conhece há muito tempo pode até estranhar o que estou dizendo, porque já fui viciado em televisão e cheguei a trabalhar com um aparelho ligado na minha frente. Não nego, mas isso foi há décadas e era uma questão de trauma de infância, trauma de infância não é brincadeira. Desde garoto, eu via na revista *O Cruzeiro* fotos de gente assistindo à tevê e morria de inveja. Só vim a conhecer televisão pessoalmente mais ou menos aos dezoito anos, quando montaram a primeira estação de Salvador. Meu pai, que sempre foi altamente tecnológico, comprou logo um aparelho e a gente ficava com ele ligado o dia inteiro. No começo, aparecia só a imagem-padrão com uma musiquinha de fundo, mas a secura era tão grande que a gente assistia do mesmo jeito. A imagem-padrão era a figura de um índio e meu pai falava: "Fique aí de olho e, se esse infeliz se mexer, vá correndo me chamar, ouviu bem?"

Portanto, meu caso era um problema patológico, cedo vencido pela superação do trauma. Não cheguei, nem de longe, ao ponto a que parece ter chegado quase todo mundo, porque aqui o sucesso e a realização pessoal só valem quando se consumam através da tevê. Sempre que apareço na tevê, mesmo que seja por alguns segundos e para dizer algo como "não sei" ou "nasci na Bahia", alguém me aborda na rua para me dar parabéns. Aliás, não é preciso nem aparecer. Outro dia apenas tocaram em meu nome e uma das caixas do meu banco me deu parabéns. Para não falar na chuva de telefonemas brasileiros que recebi em Berlim, depois que anunciaram que um livro meu seria adaptado para a tevê. Amigos de voz embargada, repórteres arfantes, perguntas sobre como me sentia, naquele instante consagrador. Geralmente me sentia um pouco sonolento, porque, nessa época do ano, os horários de verão causavam uma diferença de fuso de cinco horas, o que rendia certas confusões. A decepção era grande, quando eu contava que não ia alugar a Deutschlandhalle para uma festa, nem convocar a imprensa alemã para uma coletiva.

Bem, se até alguns dos seqüestrados libertados, juntamente com seus amigos e parentes, davam a impressão de que, para aparecer na tevê, todo aquele sofrimento valera a pena, não sou eu quem vai mudar a situação. Até porque também me beneficio. Não esqueço o olhar triunfante com que, visitada em sua hora de fazer bordados, minha mãe fulminou outra senhora, que não parava de elogiar o filho.

— Meu filho já saiu no *Fantástico* e Renata Sorrah foi à festa do aniversário dele — disse minha mãe.

FENÔMENOS SÓCIO-TELEFÔNICOS

NUNCA TIVE UM RELACIONAMENTO muito tranqüilo com telefones, desde o tempo de menino em Aracaju, em fins da década de 40. Suponho que éramos importantes, porque dispúnhamos de telefone em casa, coisa ao alcance de pouquíssima gente, já que os aparelhos só tinham três números. Tratava-se um aparato solenemente negro e atemorizador, munido de uma manivela e equipado com duas pilhas cilíndricas enormes. O telefonador tirava o fone do gancho, rodava a manivela e falava com a telefonista. Era uma cerimônia de relevância.

— Vou dar um telefonema — anunciava meu pai e eu, admirado de seus poderes (criança não podia telefonar, pois não só não deixavam, como, se deixassem, a telefonista não dava confiança), ia assistir. — Dalva, minha filha, me ligue para 443 — continuava ele. — É, é para dr. Moacir mesmo. Ah, não pode, ele não está em casa, você viu quando ele saiu? Bem, neste caso vou passar um telegrama, que é mais rápido. Meu filho, vá ali ao correio e me traga uma fórmula de telegrama.

Talvez seja essa a razão primeva por que os telefones e eu nunca nos demos bem. Uns quatro entre cada dez telefonemas me obrigavam a sair para ir buscar a fórmula do telegrama no correio, esperar meu pai preenchê-la e voltar para passá-la. Suponho que o velho podia igualmente escrever um bilhete para dr. Moacir, que não morava longe de nós, e me mandar levá-lo, o que seria bem mais fácil do que duas idas ao correio, mas aí a coisa não ficava tecnológica, como ele gostava. E, é claro, quem ia ao correio não era ele.

Outra razão é que, por causa do telefone, levei fama de mentiroso entre meus amigos. Na Bahia, nessa época, já havia telefones automáticos (quatro números) e, quando eu voltava a Sergipe e contava, ninguém acreditava, eis que, sem manivela e telefonista, era óbvio que telefone só funcionava nos filmes e assim mesmo era truque de cinema. E, quando, em 64, fui aos Estados Unidos e testemunhei a existência de DDD, peguei mais fama de mentiroso (na Bahia, "colhudeiro", epíteto altamente desmoralizante), ainda mais que, naquela época, para se fazer uma ligação interurbana, mesmo do Rio ou de São Paulo, levava-se o dia inteiro e berrava-se em meio a uma cacofonia infernal de descargas, chiados, apitos, assovios e gritos histéricos de telefonistas, telefonadores e telefonados. A impressão que se tinha era de que era melhor negócio pegar um megafone e gritar o recado para a outra cidade.

Até hoje, detesto bater papo ao telefone. Depois de um minuto, começo a me coçar, a querer dar pulos e mandar o interlocutor a algum lugar pouco recomendável. Claro, não vivo sem telefone, como não vivo sem computador, mas tenho as mesmas reservas em relação a ambos e consideraria um inimigo quem me desse um celular. Admito que haja quem precise de um celular, mas não é possível que todos os freqüentadores de um boteco necessitem portar um celular à cinta e falar a cada cinco minutos (geralmente andando; por alguma razão ainda não investigada, os celulatários padecem da compulsão de ficar andando de um lado para o outro, enquanto conversam — deve ser para que mais gente veja que estão falando no celular).

E as secretárias eletrônicas? Eu uso uma, porque, se não usasse, não faria outra coisa senão atender o telefone. Geralmente, baixo o volume todo, para não saber quem está do outro lado e não ceder à tentação de interromper o trabalho para atender. Mas o telefone tem mesmo implicações para o *status* de cada um, porque um número imenso de pessoas se considera ofendidíssima, ao ser atendida por uma secretária eletrônica. Já deixaram enormes desaforos no pobre do aparelho e xingamentos a seu proprietário. No meu caso, a questão se agrava pelo fato de que um pedaço de minha mensagem é dado em inglês. Não tenho outro jeito, porque recebo muitos telefonemas do estrangeiro e quem liga não entende nada de português. Isso parece exercer efeitos exacerbantes na adrenalina de algumas pessoas.

— Metido a besta! Pernóstico! *Zis is zi President Crinton ispíquingue*, vai pastar! — dizem, sem deixar mais recado nenhum.

Também tive de limitar a duração dos recados. No começo, deixava a fita toda à disposição do chamador, porque achava chato cortar a fala, apesar de não me ocorrer nada que não possa ser dito ao telefone em um minuto. Mas isto não deve ser verdade, porque uma minoria se afeiçoa à secretária eletrônica como a qualquer outro interlocutor telefônico e solta o verbo com grande desenvoltura, entremeando-o até com perguntinhas como "você está entendendo?", ou "tá legal?", do mesmo jeito com que faria com uma pessoa de carne e osso. A última gota a pesar na minha decisão de limitar foi um poeta que recitou suas últimas produções até esgotar a fita. "Só mais este", dizia ele. "Este você vai adorar, é a sua cara."

O protocolo telefônico também me intriga. Para muitas secretárias não-eletrônicas, a única maneira aceitável de querer saber com quem se quer falar é indagar: "Quem gostaria?" Qualquer outra formulação fere as normas da comunicação telefônica.

— Eu quero falar com o dr. Fulano. Meu nome é João Ubaldo.

— Quem gostaria? — pergunta ela, como se não tivesse ouvido nada, pois, aparentemente, só ouve depois do "quem gostaria".

— Eu não gostaria, eu quero.

— Quem gostaria?

E, finalmente, há o diálogo intersecretarial, a respeito de se o dr. Fulano, chamado pelo dr. Beltrano, já está no aparelho. Acredito constituir séria perda de *status* o dr. Fulano atender antes de o dr. Beltrano, que mandou fazer a chamada por sua secretária, estar ao aparelho. Já testemunhei impasses de monta.

— O dr. Fulano está no aparelho?

— Ainda não, só depois de o dr. Beltrano estar.

— O dr. Beltrano só pode vir ao aparelho depois de o dr. Fulano vir.

— Mas o dr. Fulano não vem ao aparelho antes de o dr. Beltrano vir.

— O dr. Beltrano também.

E por aí vai. Tenho certeza de que muitas dessas conversas jamais se concretizaram, a não ser que o chamando esteja precisando pedir dinheiro ao chamador, ou qualquer coisa assim. Enfim, o telefone, esse eletrodoméstico tão trivial em outras sociedades, ainda é, para os brasileiros, a mesma coisa solene que o de Aracaju era para mim e bem renderia umas duas teses sociológicas. Felizmente, tenho um casal de filhos adolescentes e, brevemente, o único horário em que o telefone aqui de casa poderá estar desocupado será entre as três e as cinco da manhã. Atendido pela secretária eletrônica, naturalmente.

Going global

Sei que não sou suposto dar título em inglês num jornal brasileiro, mas espero (o ideal seria usar hope, em vez de "esperar", mas nossa língua é muito pobre e temos que nos resignar) que não me penalizem por isto, porque eu justo sigo a marcha inexorável da História, como oposta a estória, que é o equivalente em português, este idioma nefando, adequado apenas à expressão de pensamentos pedestres e filisteus, à indispensável palavra inglesa story. Se houverem (sic, sic, sic) reclamações, estou disposto a deletar tudo do meu hard disk e impedir que os usuários da hotpage deste jornal downloadem, ou mesmo acessem, minhas infelizes gags. Tudo pela satisfação do customer.

Tomou-me longo, mas finalmente realizei que a globalização chegou para ficar e que ela compreende apenas todocorpo comportar-se como americano. Não precisei usar smocking numa recepção de Margareth Thatcher e muito menos recorrer ao dopping que muitos usam, do drink's ao snort de cocaína (no Brasil, "cheirar" ou "cafungar", duas outras palavrinhas que ilustram nossa pobreza vocabular, pois é completamente aparente que snort é muito mais evocativa e rica), para enfrentar os setbacks da vida atual ("real", diz-se aqui, que horror). A evidência dos fatos suficiou. Globalizar quer dizer americanizar, o qual é muito bom para nós, já que o que é bom para o US é bom para nós. Three cheers for the red, white and blue e vergonha para o antiquadíssimo francófilo que escreveu que, ao descobrirem que

Marte é azul, vermelho e branco, os americanos se depararam com a presença da bandeira francesa, esquecendo-se de que a Old Glory, niquenome afeccionado que, em toda parte com exceção do Vietnam, se dá à bandeira americana — futura nossa —, tem as mesmíssimas cores e que isso somente prova que a globalização, inavoidavelmente, passará em breve a ser sistemassolarização e cedo chegará a era em que, em Saturno, será proibido fumar e o McDonald's vai dar aos anéis desse gigante planeta a forma de seu símbolo.

Sei que é um unusual sentimento, um feeling às vezes até inconfortável, diante do cenário cujo desenrolar temos atendido na nossa História, em vista dos privilégios da nossa superior classe, contrastados com a paucidade de recursos encarada pela maior parte do nosso povo, até mesmo nas cidades mais populadas, mas a verdade é que gosto de ser brasileiro. Não espalhem a palavra em redor, porque posso até ser ridiculado, mas é isso mesmo. Sou baiano vermelho-sangueado, tenho orgulho de meu país, sonho do dia que alcançaremos, em último, a fronteira do cheio desenvolvimento e aprecio, como todo brasileiro, um bom prato de arroz e feijões.

Mas não desejo com isso que vocês assumam que sou xenófobo ou nêmese do bom que nos vem do estrangeiro. Pelo contrário, quando posso afordar, ligo um lote para um pequeno vinho francês, um óleo de oliva português, pastéis dinamarqueses, caviar russiano, salsichas germanas, pasta italiana and so forth, como diz o povo. Mas é que, com a globalização, não deixamos de correr uns certos riscos, o menor dos quais certamente não são as novas receitas de acarajé, vatapá e caruru com ketchup, que em breve, além de qualquer dúvida, passarão a integrar o nosso típico cardápio, assim como já são velhas tradições culturais brasileiras o Halloween e o Thanksgiving Day.

O problema é que os americanos, como vocês sabem, gostam de impor certas normas à próximo's conduta. Ninguém pode denegar que eles são democratas, porque votam tudo. Mas, depois que votam, o sujeito que perdeu está frito: se cometer o ato proibido, jogam o livro em cima dele — metáfora lá muito usada para significar que aplicam os rigores das normas ao quebrador da lei. Algumas vezes, nem precisam de leis, como no caso das posturas politicamente corretas, que têm caráter consuetudinário. O politicamente correto, por exemplo, deverá abolir integralmente a piada, pois já é inadmissível fazer graça com qualquer nacionalidade, raça ou religião, aparência física, defeito de dicção e assim por diante. Não duvido, por exemplo, que, por instância, seja proibido imitar fanhos em Tucson, Arizona, ou gozar míopes em Des Moines, Iowa.

Na última Copa do Mundo de futebol — esporte cujas regras serão em breve radicalmente alteradas por eles, a fim de que fique parecido com o excitantíssimo beisebol —, o bravo repórter esportivo Antônio Maria, de cuja generosa amizade me orgulho, foi puxar um cigarette do lado de fora de um dos muitos aeroportos em que residimos durante a gloriosa competição, vencida por nós com um gol de Baggio, e tomou um esbregue de um senhor mal-humorado. O Maria alegou que estava ao ar livre e ali não era proibido fumar, mas o homem engrossou. Apesar de grande, Maria já viu muito filme de caubói e, encontrando-se no momento sem os seus dois Colts, preferiu afastar-se, para fumar escondido, atrás de uma coluna.

Diz-se que todo português que arruma um desafeto funda um jornal só para xingar o inimigo. Nos Estados Unidos, funda-se uma associação. Não verifiquei, mas deve haver a Associação Americana Contra a Bola de Gude, a Sociedade Protetora de Grilos e Gafanhotos e a Irmandade dos Anti-Goma Arábica. Todas dedicadas a proibir alguma coisa, assim como em Nova York, além de não se falar mais inglês, tampouco se pode fumar, a não ser, talvez, dentro da rede de esgotos sanitários. E agora, meus dear friends, estão protegendo o ar. Ah, excelente idéia, dirão muitos. Sim, mas isso significa que fazer churrasco no quintal ou na cobertura muito provavelmente se tornará ilegal. I kid you not, não estou brincando, li numa magazine de lá mesmo. Sim, sim, hooray para a globalização, mas, se, quando o Brasil se tornar a 51ª estrelinha na bandeira americana, adotarem as mesmas regras antichurrascais aqui, me naturalizo gaúcho e vamos ver quem vence a Guerra dos Farrapos desta vez.

Tesouros ocultos

O B. Piropo, de cuja coluna no caderno de Informática de *O Globo* sou atento e admirado leitor, até mesmo, o que sucede com alguma freqüência, quando não entendo nada — não por culpa dele, que escreve muito bem, mas em razão de minha sólida burrice e não menos granítica ignorância —, já fez uma série de artigos com o título acima, se não me falham os rateantes neurônios. Eram, se não me traem de novo esses canalhas sem grife que habitam meu cérebro, a respeito de programas obscuros e ignorados, existentes no sistema Windows 95. (Até consegui entender um desses artigos e hoje uso um programinha ótimo descrito por ele, sobre o qual menti ao Aílton, um dos meus muitos mentores micreiros, dizendo: "Foi o B. Piropo que me falou" — e não falou nada, claro, nunca nos vimos pessoalmente e muito menos nos falamos, mas ninguém é perfeito e atire a primeira pedra quem nunca contou uma mentirinha gabola.)

Em linha semelhante, às vezes me vem o impulso altruísta de partilhar com o próximo prazeres aparentemente simples, cuja existência podemos ignorar a vida inteira, cometendo grave desperdício. Por exemplo, sei que já contei aqui que assisto a máquinas de lavar roupa, mas não creio haver sido suficientemente enfático quanto ao potencial de entretenimento e enriquecimento sensorial contido nessa esplêndida atividade. Descobri-a quando morei na Alemanha e nossa máquina de lavar roupa, dona

Frida, era dessas de janela redonda na frente, nossa primeira máquina desse tipo.

D. Frida me conquistou. A primeira vez nunca se esquece e lembro que esta ocorreu quando dei com ela começando a agitar roupas das crianças. Ia passando, ouvi um marulho delicado, era ela rolando o seu cilindro oco, num pausado mas firme caleidoscópio de todos os matizes e formas. Um perfeito Miró de repente se transfigura em Manabu Mabe e, num giro subitamente mais rápido, é como se víssemos um mar de espuma e seres incomuns e vistosos, cenas de um *Guerra nas estrelas* caótico. Impossível não dar valor àquele espetáculo. Passei grande parte da manhã assistindo ao trabalho de dona Frida até o enxaguamento, embora não, claro, a centrifugação. A centrifugação já não tem graça nenhuma, é como aqueles créditos do fim do filme, a que todo mundo dá as costas, em direção à saída.

E não somente os aspectos visuais recomendam esse passatempo, conquanto eles sejam mais complexos e especializados do que o leigo pode julgar. Nós, espectadores de máquinas de lavar (depois que fiz menção a esse meu *hobby*, descobri que tenho muitos companheiros, somos muito mais numerosos do que de início se pode imaginar), sabemos, por exemplo, que há aqueles que apreciam assistir à lavagem de lençóis brancos, pois já refinaram a sensibilidade o suficiente para entrever nuances preciosas de tonalidade e relevo, nas formas cada vez mais alvas que se revolvem lá dentro. Mas, à parte o visual, a trilha sonora não pode ser desprezada. A hora do bombeamento da água, a espera da finalização do ciclo, a renovação da água, a sutilíssima diferença de som entre a água com espuma e a sem espuma, o sotaque especial da máquina. É um universo, experimentem. Satisfação garantida, melhor do que ficar lendo bobagens no jornal, como vocês estão fazendo agora.

Outro espetáculo pouquíssimo valorizado é o dos *downloads* feitos na Internet, principalmente de arquivos ou programas grandes. Quem não tem computador pode perfeitamente arrumar um amigo que tenha e experimentar, é emoção garantida. Fazer o *download* de um programa significa "retirá-lo" da rede e instalá-lo em seu computador. Isto é geralmente realizado através de linhas telefônicas. O sujeito começa o *download*, aparece uma janelinha em que de um lado está uma pasta cheia de "papeizinhos" e, do lado oposto, outra pasta, que recebe os papeizinhos. Ah, não dá para descrever, só quem vivenciou é que pode saber. Há indicadores de quantos *kilobytes* já passaram, quantos faltam, estimativas falsas (ou verdadeiras, nunca se sabe, dá para apostar) de quanto tempo resta, qual a velocidade de transferência e por aí vai, numa riqueza estonteante de estímulos ao apreciador, é dez a zero em *baseball*, para citar somente um outro esporte. Ainda mais que, a qualquer momento, quase sempre já perto do finzinho, a linha cai e o aficionado tem de começar tudo de novo, da estaca zero. Há programas que evitam essa volta, mas nem todos os *downloads* o aceitam e tem que diga que macho mesmo não se vale dessas frescuras, enfrenta a possibilidade de a linha cair com o mesmo destemor com que um lobo-do-mar encara as procelas. O internauta brasileiro é um privilegiado, sob esse aspecto. Eu mesmo já me senti quase no jóquei, vendo a velocidade subir dramaticamente de vergonhosos 98 *bytes* por segundo para 10 *kilobytes*, uma recuperação dramática, com a regüinha acelerando igual a uma Ferrari e ficando perto da linha de chegada, mais perto, cada vez mais perto e — plã! — a linha cai, haja coração. Não é esporte para espíritos delicados.

Também aconselho a assistir à desfragmentação do disco rígido no Windows. No caso de um disco enorme como o meu (16 *gigas*, só queria que vocês, nanicos, soubessem), leva um tempo longuíssimo, mais ou menos o de um jogo de futebol mesmo. É uma maravilha, que certamente atrairá fãs de quebra-cabeças e cruzadistas, ver o computador arrumando fileirinhas de dados, em lances por vezes radicais e espetaculares. E, novamente, não dá para descrever, só assistindo. Recomendo-o também, embora seja mais fã do *download*, cujo elemento de suspense e torcida é insubstituível. Gostaria de ter mais tempo e espaço para continuar, mas já estou me excedendo. E sei que alguns devem estar achando que, contando isto, meu fito é curtir com a cara de vocês, mas juro que não. Faço isso mesmo, assisto à máquina de lavar, *download* e desfragmentação. Eu sou normal.

Maravilhas da informática

ANTES QUE ME ACUSEM de cuspir no prato, apresso-me a reconhecer: sem um computador com processador de texto, hoje eu não acertaria a escrever nada e tenho calafrios quando penso na hipótese de usar máquina de escrever outra vez. Fui até pioneiro, nessa história de escrever em computador. Proprietário de uma possantíssima (240 *kilobytes*, quase todos comidos pelo editor de texto) cópia nacional de um Apple 2e, que quebrava de quinze em quinze dias e contribuiu poderosamente para o agravamento de todas as minhas neuroses, fui guia de várias excursões à minha sala de trabalho em Itaparica, pois todos queriam ver meu moderno cérebro eletrônico em ação. "Eu deixo você pegar no meu computador", dizia eu às moças, mas as moças, muito desconfiadas desses milagres tecnológicos, no máximo viam, mas nunca pegavam.

Em Berlim, comprei um *laptop* coreano de pobre, sem disco rígido, e recebia cartas depreciativas de Zé Rubem Fonseca, que me humilhava com freqüentes alusões à pobreza de meus recursos informáticos. "Estive pensando em lhe dar de presente um programazinho novo, muito interessante", dizia ele, "mas, infelizmente, sua máquina está longe de ter a capacidade necessária". Mais tarde, ao exibir essa conquista da ciência medieval na Editora Nova Fronteira, responsável confessa pela publicação de meus livros, houve um ajuntamento que durou horas, tiraram fotografias e me ofereceram espaço para a criação de um museu cibernético. Zé Rubem veio ver a máquina em minha casa e, depois de conseguir dominar uma crise de riso de vários minutos, confessou que fizera a visita para ver para crer, já que sempre achara que as especificações do aparelho eram piada minha. Quando, num jantar, descrevi o aparato a Cora Rónai, brava quão competente editora do caderno de informática de *O Globo*, ela fez uma cara de pena de partir o coração e foi buscar um uísque reforçado para mim. Subseqüentemente, o dr. Carlos Augusto Lacerda, um dos meus abnegados editores, me viu esperar uns doze minutos para carregar um programa, afagou-me o ombro com solidariedade e foi lá dentro, buscar um *laptop* Toshiba.

— Tome — disse ele. — Está bastante idoso e nós íamos dá-lo a uma instituição de caridade, mas acho que seu caso é de emergência, qualquer coisa é melhor do que esse Ford de bigode aí.

Fiquei felicíssimo com meu japonês. Incríveis vinte *megabytes* no disco rígido, monitor iluminado, tremendas bossas nipônicas. Em pouco tempo, contudo, minha auto-estima continuou a sofrer. Após indagar sobre que equipamento eu tinha, o consagrado jornalista Sérgio Augusto assumiu um ar de severa censura e hoje finge que não me vê na rua. Na casa do aludido mestre das letras pátrias Zé Rubem, ele se recusou a me mostrar seus computadores. "Amigo não é para ser humilhado", declarou. "Aliás, por falar nisso, você tem conseguido escrever?"

Nordestino e, embora não sertanejo, antes de tudo um forte, resisti sempre com um sorriso estóico, fundado na minha crença de que, fosse o *Sermão da montanha* pronunciado hoje, Ele endereçaria uma das bem-aventuranças aos infelizes proprietários de *laptops* neolíticos. E novamente a Nova Fronteira veio em meu socorro. Indignado ao ver uma foto em que eu posava orgulhosamente ao lado do Toshiba, o dr. Sebastião Lacerda, outro de meus corajosos editores, mandou despejar aqui em casa um tremendo 486, com mais *bytes* do que a população do sudeste da Ásia. "Está certo que você é maluco e pobre", falou ele, "mas não fica bem para a editora um autor dela ser flagrado com uma indecência dessas na mão e ainda por cima com essa cara de felicidade." Se não fosse minha obstinada oposição, ele teria levado o Toshiba para cremar, como ameaçou diversas vezes. Mas a impressora ele levou, para encomendar uma necrópsia e "esclarecer como uma máquina obviamente projetada para fazer espaguete consegue imprimir, ainda que desta forma porcaminosa". Também resisti, mas o argumento definitivo foi que, se eu resolvesse trabalhar tarde da noite usando a impressora, os vizinhos iam chamar a polícia, achando que era um ensaio da bateria da Império da Tijuca dentro do apartamento.

Sim, agora sou feliz possuidor de uma máquina que só deverá ficar obsoleta dentro de no mínimo seis semanas, a Cora já pode desistir de sua generosa idéia de correr uma lista entre amigos para me socorrer, o Sérgio já pode me falar sem risco de comprometer-se, o Zé Rubem não tem mais razão para suas observações escarnicadoras e a editora não vai mais passar vergonha, a não ser a que já passa há muitos anos, publicando meus livros. Mas, ai de mim, porque a felicidade não pode ser completa, eis que venho apanhando como um tapete empoeirado deste engenho diabólico, que desde o início não foi com minha cara.

Em primeiro lugar, me obriga a usar o sistema operacional Windows, que me parece concebido para debilóides com uma estrutura de pensamento americana. Livro americano sobre Biologia começa com a descrição de um animal relativamente complexo, geralmente uma rã. Francês começa com um capitulozão intitulado *La vie*. Dedutivos, os franceses; indutivos, os americanos. Educado à base do pensamento dedutivo e do cascudo, tenho dificuldades indutivas e não consigo atinar com a lógica do programa e dos manuais. Além disso, sou forçado a usar um detestável *mouse*, que não me parece um artefato digno e com o qual vivo cometendo asneiras inomináveis, como quando, depois de um clique malfadado, umas barras normalmente estacionárias no alto do monitor enlouqueceram e dispararam por todos os cantos. Minhas frenéticas medidas de emergência somente agravaram a calamidade. Telefonei para o dr. Sebastião, que ficara de vir me ensinar o bê-a-bá desta geringonça malevolente e nunca veio, mas ele limitou-se a dar uma risadinha sádica e dizer que, mais dia menos dia, as barras iam aquietar-se. Como de fato aquietaram-se, depois de eu já ter até me acostumado à baderna — a última delas ressurgiu enorme, por trás de outra, lembrando um monstro espacial. Eu podia evitar o *mouse*, mas, se o sujeito for usar o teclado para certas operações, tem que digitar teclas suficientes para escrever *Guerra e paz*.

E, finalmente, confirmando sua perfidez, o computador mente. Todo mundo sabe que computador é na verdade uma máquina extremamente burra e sem o mínimo jogo de cintura. O meu não. O meu mente para me atanazar. Acabo de escrever alguma coisa, mando gravar (salvar, como se diz em computadorês, numa tradução estúpida do inglês *save*), ele, cinicamente, me informa que meu texto (arquivo, diz ele) está sendo utilizado por outro usuário. Que outro usuário, se eu estou sozinho e não ligado em rede nenhuma? Pior ainda, às vezes afirma, em tom desaforado, que eu não posso mexer no arquivo porque ele está sendo utilizado por João Ubaldo Ribeiro. "Sou eu", digo, mostrando minha carteira de identidade, mas ele prossegue com a gracinha. É revoltante, mas minha vingança será maligna. Vou voltar ao Toshiba e usar o novo somente para fotografias e talvez para fazer espaguete, não suporto máquinas folgadas.

Meu amado Compaq

Um computador dá mais trabalho e preocupação do que seis famílias, digo isto sem medo de exagerar. Só quem discorda são certas categorias, como os fanáticos, os diletantes, que na verdade não precisam muito dele e portanto o utilizam basicamente para fazer gracinhas e encher o saco alheio com e-mails sentenciosos, os carentes emocionais, os jovens que não têm de fato mais nada em que se ocupar e acabam ganhando dinheiro com a incompetência e falta de escrúpulos que grassa na indústria de informática e mais poucos outros. Concordam os que dependem desta estrovenga para viver e, ainda por cima, não são muito inteligentes e padecem de neurose obsessivo-compulsiva em grau alarmante, como eu.

Tanto assim é que mesmo muitos micreiros metidos a sebo (quase todos eles ficam metidos a sebo, é um espanto, deve fazer parte de alguma síndrome ainda não estudada; quando não falam em computador, são uns encantos e, quando falam, evocam ganas de abatê-los a tiros) das minhas relações têm um guru, uma espécie de *personal trainer*. É o único aparelho de uso pretensamente comum que requer a assistência de um *personal trainer*, porque se trata de uma máquina atrasada e primitiva, atrapalhada por ganância e despreparo, da qual ninguém realmente entende e causa milhares de transtornos a cada hora, alguns deles catastróficos para as vidas de pessoas e organizações.

Há uma famosa comparação de um executivo da General Motors, entre um carro e um computador, em que fica patente que se os automóveis funcionassem como os computadores, todo mundo morreria ou se aleijaria no trânsito em coisa de dois ou três dias.

— O volante cometeu uma ação ilegal e será desativado agora — informaria o carro, enquanto você inutilmente tentaria dobrar à direita, para acabar caindo no canal do Mangue.

Recentemente, levado pelo despeito e inveja que nutro pelo conceituado ficcionista e informata Rubem Fonseca e espicaçado pelos seus comentários aleivosos quanto a meu equipamento, resolvi juntar tudo o que ganhei com uns dois livros (eu sei que tem gente que me acha rico milionário porque meus livros vendem bem, mas eu não conto quanto ganho porque tenho vergonha e me arrependo de não haver seguido os conselhos de meu pai, que morreu desgostoso porque eu nunca quis ser tabelião e agora é tarde) e comprar assim um Boeing dos computadores. Comprei. Trata-se de um poderosíssimo Compaq, ao qual, nos intervalos de dar entrevistas sobre a inata sensualidade do baiano e falar inanidades sortidas, como se espera de um escritor, dedico hoje minha vida.

Tem lá suas emoções. Agora mesmo, estou escrevendo como um corredor de fórmula 1: não sei se chego ao fim, em perigos e guerras esforçado, porque o meu Compaq não me corresponde à dedicação que lhe devoto. Muito pelo contrário, trata-se de um tirano temperamental e desequilibrado, cuja natureza já por si insolente, malévola e infensa a interferências, é reforçada pelos *softwares* enganosos, burros, complicados e irresponsáveis que neste mundo abundam. A tudo isso some-se a nossa esquizofrenia habitual, na convivência entre o neolítico e a alta tecnologia. As linhas telefônicas não funcionam, os provedores pifam, a Embratel pifa, a Telemar pifa, todo mundo bota a culpa nos outros e quem depende dessa rede infernal deve ser responsável pelo consumo de ao menos metade das bolinhas vendidas no país.

É, não sei se acabo. Ele pode de repente abrir uma janelinha sem quê nem para quê e me comunicar que houve um erro de alcunha cabalística, em setor igualmente hieroglífico, e que, portanto, não poderá continuar e, se eu insistir, travará e apagará tudo. Deu para esse tipo de coisa, recentemente. Um belo dia, sem a mínima provocação, eu o ligo para trabalhar e, quando se acendeu aquela primeira bandeira do Windows (que é usada, como me explicaram outro dia, para esconder os dados que estão por trás, inclusive a presença, por eles negada, do sistema DOS — pura safadagem, como tanta coisa mais nessa área), ele abriu uma tela me informando que ou eu reinstalava o Windows ou ele poderia se tornar instável, o risco era meu.

Durante vários dias, trabalhei em suspense, desafiando a tal instabilidade, que, graças a Deus, nunca chegou a manifestar-se. Mas a situação não podia permanecer assim, de maneira que fui obrigado a convocar minha *personal trainer*, que, modéstia à parte, entende de computador mais do que padre de missa. Coisa pouca, pensou ela. Reinstalou-se o Windows, lá veio a mensagem de instabilidade outra vez. Umas doze horas de trabalho, acho eu, até ela conseguir resolver o problema. Muito bem, no dia, seguinte, ele decide não reconhecer mais minha senha e começa a trocar programas aleatoriamente. O programa de correio endoidou, o navegador também faz avisos sinistros, a Microsoft adverte que eu preciso baixar atualizações críticas urgentes e, quando as baixo, o computador (ou algum diabinho destacado para isso) não as instala e mais dezenas de outros desvarios, é um manicômio.

Entre conselhos aparvalhados da assistência técnica do provedor e imprecações da minha *personal trainer*, fomos assistindo à interação maligna da máquina e dos sistemas que abriga e agora estou neste ponto. É Deus castigando, quem manda eu ter querido me vingar do Zé Rubem. Mas ainda posso me gabar de ter um possante Compaq. Não (me) vale nada e muito menos se deixa manipular, mas é um Compaq. Na sexta-feira que já haverá passado quando esta crônica estiver saindo, deverá ter ocorrido aqui a reunião de uma junta médica do mais alto nível (tão alto que eu não digo os nomes, para não parecer mentiroso), a fim de tentar as medidas heróicas que se impõem. Aguardem. Se ele, depois disso, continuar me infernando o juízo, vocês serão convidados a um evento performático, aqui no Leblon. Não é todo dia que se pode assistir ao lançamento de um legítimo Compaq da janela de um quarto andar.

AO DIABO COM ISSO TUDO

É COMO DEIXAR DE FUMAR ou de ir aos copos todo dia, quando se está acostumadinho. Na próxima segunda-feira, eu sempre vou deixar de ler os jornais. Sei que estou cuspindo no prato, mas ler jornal atualmente é fogo. Quando não nos espavorecem com doenças apocalípticas (das quais passamos logo a sentir os sintomas iniciais, ou a nos enquadrar como prováveis candidatos), mostram que a qualquer momento qualquer um pode entrar em nossa casa e fazer o que quiser. Notícias loucas, como esta diante de mim: "Pernambuco campeão de câncer no pênis — só perde para Uganda. Médico recifense declara: 'Já cheguei a amputar três pênis num só dia'". (Deviam dar a ele o Prêmio Bobbit de Perutomia, só não dão porque o Brasil não é reconhecido, ou talvez haja algum esculápio ugandense que decapite uns dois por hora.)

Mais recentemente, meus arrepios de desassossego têm tido a ver com a economia. Não entendo nada de economia, mas já vi diversas vacas e, a julgar pelo que leio, ninguém tampouco entende. Ou, se entende, faz que não entende, porque não lhe convém entender. O fato é que a impressão de atabalhoamento econo-governamental é unânime, com o conseqüente temor de que velhas histórias se repitam. Uma delas já começa a repetir-se. Hoje pode isso. Hoje não pode mais, mas amanhã vai poder. Amanhã não pode isso ainda, mas já pode aquilo. Só depois de amanhã é que vai poder isso. Depois de amanhã...

Então, neste domingo que espero radioso, ao diabo com tudo isso. Seu médico pode não gostar, mas, como não o conheço, estou me lixando para ele. Aconselho o amigo ou a amiga a fazer hoje tudo o que ele proibiu, a não ser que implique morte imediata (porque mediata todo mundo vai ter, inclusive ele). Como essas proibições costumam envolver nossos prazeres, tenha um domingo de prazer, não admita que lhe lembrem problemas e só compre o jornal para ler as frivolidades. Ofereço uma lista de sugestões dominicais e espero que pelo menos uma ou duas se enquadre em seu caso:

1. Se necessário, tome umas duas antes, mas encare de vez a paquera não-resolvida. Chegue lá e aplique a ela ou ele o "como-é-que-é". É mais fácil do que parece, inclusive para os tímidos. Dica: mostre este artigo ao paquerando. Enrubesça, aponte o dedo para a parte do "como-é-que-é" e pergunte como é que é. Dica: redija uma autorização de paquera intensiva ("Eu, Gostosa da Farme de Amoedo, autorizo Babante da Barão da Torre a paquerar-me intensivamente, estando compreendidos na dita paquera os seguintes atos — e aí vá tão fundo quanto permita a sensatez — e peça para a paqueranda assinar, alegando — ha-ha! — que quer evitar acusações de assédio sexual, o qual será imediatamente iniciado após firmado o documento. Dica: se você é mulher, aplique a técnica jiu-jitsuítica de usar a força do machismo contra ele mesmo. Ou seja, convide o paquerando para um encontro, deixando claro que partilha do credo tradicional de que homem que não topa convite de mulher ou é frouxo ou é falso ao corpo.

2. Dê um esbregue violento no culpadinho baixinho que vive sempre atanazando você e dispense-o de suas funções habituais neste domingo: não faça nada sadio, a não ser que não seja forçado. Se for forçado, não faça. Não corra, não ande, não pedale, não malhe, não rejeite feijoada por saladas capinosas, não fique amaldiçoando o sorvete alheio, não tenha medo de tomar um pilequinho e não meça a pressão arterial. E, quando o panaca

de sempre começar a contar que não fuma, não bebe, dorme e acorda cedo, anda dez quilômetros por dia, evita carnes vermelhas, faz ginástica, nada todos os dias e, aos 65, está naquela forma de 45, responda-lhe que assim é mole, você queria ver era, ele vivendo mesmo, como era que ia ser. Você faz tudo isso e ainda se gaba, cara? — pergunte.

3. Cometa a maluquice que o persegue desde a infância. Embora nem todas dêem certo, só se sabe tentando. Eu tenho um amigo que cometeu. A maluquice dele era ir à praia de cueca — não dessas tipo sunga, fechadinhas, mas das que têm aquela abertura meandrosa na frente, as chamadas antinipônicas, e lá passar o dia todo, com tudo a quem tem direito o praiófilo — coco a cinco dólares, chope quente, mergulhos traumáticos, lambuzadas de areia, frescoboladas letais, cachorros incontinentes, celulites e fios dentais libido-deprimentes, eruditos analfabetos e índice 10 na escala Richter de burrice ecológica. Ele se preparou durante anos, até que reuniu coragem e partiu. Fui testemunha. A cueca era Zorba, a cor era audaciosa e, segundo testemunhas de outro tipo, a abertura estava de acordo com os padrões da atuantíssima IFPIPP — *International Federation for the Perpetuation of Intricate Pissing Patterns*, nome que não traduzo aqui porque este é um jornal de família. Ninguém lhe deu a menor atenção, o modelo não fez sucesso e ele voltou para casa de cueca, humilhado e ignorado, a não ser pelo pessoal que gritava na rua, ao contrário do que ocorreu na praia: "De cueca, hem, malandro? Da outra vez pede pro marido telefonar antes de chegar!" Mas há outros sonhos que se pode viver num domingo: o de dançar por uma rua do bairro, pensando que se é Gene Kelly; o de planejar minuciosamente faltar ao trabalho na próxima quarta-feira; o de deixar queimar o arroz, o feijão e a carne de panela e olhar para a cara do sem-vergonha com grande placidez, cantando *Errei, sim — manchei tua bermuda*; o de deixar de besteira e ir aos cavalinhos na certeza de que o dia trará grana e emoções, preferivelmente nesta ordem; o de não comparecer ao churrasco

chato onde seus concunhados e amigos deles estarão discorrendo sobre a valorização dos seus BMWs, enquanto você pensa sobre quanto lhe darão por sua Belina 84 — e, em lugar do churrasco, ir disputar com a velha patota o troféu sinucal Taco de Fé e só voltar de manhã; o de chamar as amigas tipo emergência, marcar encontro numa casa de pasto neutra e falar mal de todas as ausentes com simpatia. Enfim, são inúmeros os prazeres possíveis, neste feraz domingo.

4. Ganhe uma discussão erudita, para variar, preferivelmente manifestando uma opinião contrária à geral, opinião esta que você sempre teve, mas não arregimentava coragem para externar. Existem diversos métodos para ganhar uma discussão e volto a ensinar (na primeira vez em que ensinei isto aqui, você ainda nem tinha nascido) um dos melhores. É o do "mas, no Sul, não". Quando o insuportável estiver no auge da explicação sobre a estrutura do poder na Polinésia, você fala "mas, no Sul, não". Nove entre cada dez vezes, o insofrível toma um susto, concorda com você e você leva fama de entendido em Polinésia, ou que bobagem lá estejam discutindo, pois a fórmula permite variantes — pode ser qualquer ponto cardeal, o interior, as camadas sociais mais altas ou baixas e assim por diante. Não somos nós os únicos ignorantes, todo mundo mais é, inclusive os especialistas na Polinésia.

Enfim, ao diabo com essas notícias sinistras e as preocupações que com elas velejam. De minha parte, estarei no boteco, defendendo a tese de que o Vasco deveria ser a base da seleção. A não ser no Sul, é claro.

Nossa vida sexual
num boteco do Leblon

— Tu já viu o Sampaio ali? Ali, meio malocado por trás da coluna. Mulher nova, cara, louraça, um aeroplano. Esse cara é um espanto, tá toda semana de mulher nova.

— Transa de bicha. Esse negócio de ficar querendo traçar uma mulher nova por dia é coisa de bicha, a psicanálise explica. O cara tem que provar a si mesmo que é macho o tempo todo e aí fica sempre arrumando uma mulher nova. Não acho graça nenhuma. Dormir com uma mulher diferente cada noite, já imaginou? O sujeito quer ficar mais à vontade, quer relaxar e aí não pode, porque é mulher nova e fica chato, não existe intimidade.

— Ah, besteira de tua parte. Tu diz isso de inveja, tu mesmo já me contou que só pode dormir mesmo é em casa, porque baba o travesseiro todo e tua mulher não liga mais.

— Pois é, babo, babo. Mas não é por isso que eu não quero mulher nova todo dia. Eu explicava que babo e ela não ia se incomodar. Mulher, quando está a fim, não vai ligar pra essas besteiras. Não, senhor, eu não quero mulher nova todo dia porque não quero, é muita produção, muita aporrinhação. Coisa de bicha, coisa de bicha.

— Pois, se é coisa de bicha, eu queria ser bicha como o Sampaio. Só assim de cabeça, aqui das vizinhanças, me lembro da Soninha, da Letinha, da Bárbara, da Lalu...

— A Lalu? Mentira, mentira. Todo mundo sabe que a Lalu é sapato, não suporta nem cheiro de homem.

— Aí é que tu te engana. Ele andou com a Lalu mais de duas semanas e foi fundo, até hoje ela é doida por ele. É que tu não conhece a sensibilidade do Sampaio. O segredo dele é a sensibilidade e a versatilidade. Tu não faz idéia do que ele tem na mala do carro. Tem tudo o que tu possa imaginar, foi assim que ele ganhou a Lalu. Ele sacou que ela não é propriamente sapato, ela só não gosta da prepotência do homem, daquele negócio de dominação. Sacou, coisa e tal, fez amizade, conseguiu que ela tomasse umas com ele e aí chamou ela pra casa, ela só avisando que não ia pintar nada — e ele só "claro, claro, é só pra eu fazer um jantarzinho pra nós dois" — e aí ela terminou indo.

— E você vai me dizer que ele levou a Lalu pra cama na base do miojo, que é o que ele sabe fazer?

— Que é isso, cara, primarismo teu. Ele simplesmente pegou discretamente as cordas e as algemas que ele sempre tem na mala do carro e levou lá pra cima. A folhas tantas, ele disse que queria fazer uma brincadeira e pediu a ela pra amarrar e algemar ele na cama. Ela deu risada, mas já estava com o juízo cheio de uísque e aí topou. Pronto, foi a perdição dela. Quando ela viu ele lá amarradão e falando "faz de mim o que quiseres, faz de mim o que quiseres, sou teu objeto, Madonna", ela não se segurou. Ele disse que ela também deu umas chineladas nele e uns tapinhas na cara, mas valeu tudo, porque depois ela se revelou um verdadeiro furacão, melhor que todas essas peruas por aí, que se acham gostosas, mas só são umas esforçadas. E também, veja você, depois disso, de vez em quando ela pedia pra ser amarrada também.

— Isso é perversão, cara, perversão. Eu não admito perversão.

— Como é que é? E quem foi que já me contou que só consegue com mulher que irradia a transação?

— Eu... Bem, isso é diferente, é muito diferente, não é propriamente uma perversão.

— Ah, não é não, né? O cara só consegue chegar lá se a mulher ficar berrando "adentra a grande área, Neném, vai lá, bico de chuteira, uai, olha a zona do agrião, é agora, uai, passou um, passou dois, está pintando o gol, na trave, volta o rebote, olha o corta-luz e é goooool, gol de placa!", um cara que só consegue assim não tem perversão?

— Perversão, não, é mais uma brincadeira, eu sempre curti futebol, sempre fui Flamengo...

— Se fosse assim, dia de campeonato do Flamengo ninguém dormia na cidade. Perversão, perversão, sim, reconhece.

— Está certo, tudo bem, foi você que começou. E quem foi que me contou que curtia se fantasiar de galo e a mulher de galinha e saírem dando pulinhos e fazendo có-có-có pelo quarto?

— Eu. Eu. Mas isso é só de vez em quando, não chega a ser uma perversão.

— Perversão, perversão! E quem é que gosta de chamar a mulher pelo nome de uma amiga e a mulher chamar ele pelo nome de um amigo, ou senão artista de novela?

— Você também gosta, foi você que me deu a idéia.

— Mas só de vez em quando e com você é todo dia.

— Quase todo dia. Todo dia lá em casa faz muito tempo que não tem, com artista de televisão e tudo. É por isso que eu tenho inveja do Sampaio, olha ele lá, já tá metendo o mãozão na loura. Olha lá, olha lá a mão dele onde já está, que cara de pau, cara, em plena luz do dia!

— Vai ver que é a tal sensibilidade dele, que você falou. Vai ver que ele descobriu que a dela é aprontar em público e já está dando um trato. Daqui a pouco, ele leva ela pra exposição do Monet, escolhe um cantinho e manda ver.

— Não duvido. Você sabe que a Margô e eu já pensamos na mesma coisa várias vezes? Uma vez nós chegamos a pensar em transar num camarote do Municipal, dia de ópera, já imaginou?

— Chega, chega, eu já pensei em fazer no Maracanã!

— No Maracanã, é mesmo! Aaaai! No Maracanã!

— Eu até já... Sabe de uma coisa, o melhor é cortar este papo, em nome da nossa amizade. Me lembrei de uma frase de Nélson Rodrigues agora: "Se todo mundo soubesse da vida sexual de todo mundo, ninguém se dava com ninguém."

— Legal, legal, grande verdade. Grande revelação, esse Nélson Rodrigues, o Brasil sempre tem grandes revelações. Claro, esse negócio de vida sexual alheia não tá com nada. Mas, cara, olha ali o Sampaio, o Sampaio...

O Pró-Pró do Leblon

— Tu já fez a tua prótese?

— Que prótese?

— Onde é que tu vive, cara, a prótese, pró-te-se, tou falando chinês? Vai me dizer que tu não tá sabendo da onda da prótese.

— Ah, sim. Não sei bem se vou fazer, acho que ainda não preciso.

— Tu passa no teste Fischer?

— Que teste Fischer? Agora tem exame pra verificar se o cara cumpre? Quem é que aplica esse teste?

— Qualquer um pode aplicar. Só requer honestidade. O cara tem que dar uma resposta honesta. Eu mesmo posso aplicar o teste em você. Já apliquei em mim mesmo e não passei. O melhor era ter uma foto dela aqui, como aquela que tiraram dela desfilando de roupa transparente, poderosona, ou senão dançando de combinação naquela novela, aaaai! Mas pode ser sem foto mesmo, só precisa honestidade.

— Não saquei nada, tu já deve estar de porre. Ainda não deu onze horas e tu já tá de porre.

— Porre nada, cara, quer ou não quer que eu aplique o teste Fischer?

— Continuo sem sacar nada. Quem é esse Fischer?

— Não é esse, cara, te liga, é essa. É a Vera Fischer.

— A Vera Fischer inventou o teste?

— Não, não, é o seguinte. Tu manja a Vera Fischer, claro que manja, não tem um macho neste país que não babe quando vê a Vera Fischer, tou certo?

— Certo, certíssimo.

— Pois então. Agora se concentra aí, pensa nela um tempinho, vai lá, concentra aí. Aquele mulherão, aquele Boeing, aquele... Aaaai! Mentaliza ela de camisola, dizendo "vem cá" pra você, vai, mentaliza ela, se concentra. Ou então ela te dando uma chave de pescoço e falando "me beija", vai lá, concentra. Concentrou?

— Concentrei. Mulherzaça, mulherzaça.

— Agora responde com honestidade: tu encara?

— Eu... Bem, ela... Ela nem sabe que eu existo.

— Isso não tem importância, tamo no terreno da hipótese. Responde aí, tu encara? Eu vou logo te dizendo, eu não encaro, fico com taquicardia só de falar. Até os 40, talvez eu encarasse, tomando umas antes, ou senão um Lexotan duplo. Hoje em dia, nem pensar. Tu encara?

— Bem, talvez eu ficasse um pouco nervoso. É, eu ia ficar um pouco nervoso.

— Qual é nervoso, cara, reconhece a realidade! Tu ia bater os joelhos feito reco-reco, ia abestalhar e depois vir pra ela com aquela conversa de que isso nunca me aconteceu, não sei o quê, patati-patatá... Reconhece, cara!

— É, eu acho que sim. Também tu vem logo de Vera Fischer, tu podia escolher uma menos possante.

— Não, tem que ser a Vera Fischer, estrela e tudo. Tu também não passou no teste Fischer. Essa raça toda que está aqui tomando chope também não passa, é dificílimo. Eu apliquei o teste em meu analista e ele também não passou. Pra um caso desses, só a prótese evita o grande vexame.

— É, acho que tu tem razão.

— Acha, não, eu tou coberto de razão. Meu analista disse que a prótese é a verdadeira revolução, que o mundo vai mudar completamente. E não é só coroa que vai fazer prótese, não, é todo mundo. Ou tu pensa que esses meninos de hoje passam no teste?

— É, quando a gente é menino, fica meio inseguro, é verdade. Mas tu acha mesmo que todo mundo vai fazer prótese?

— Vai, não! Já tá fazendo! Meu cunhado paulista fez e me contou que é uma maravilha, que eu não sei o que tou perdendo. Ele falou que todo mundo na turma de boteco dele já fez, tá todo mundo satisfeitíssimo, inclusive os mais jovens. E tu quer saber mais? Se tu for candidato e prometer uma prótese pra cada cidadão, tu tá eleito o que tu quiser! Até os velhinhos do Serginho Cabral iam virar a casaca e votar em você. Aliás, eu me penitencio por não ter dado essa dica a ele, sou muito amigo do pai dele, devia ter dado essa dica, não tinha quem segurasse ele. E não ia ser só os velhinhos, as velhinhas também iam apoiar, talvez até mais.

— É verdade, belo programa para uma secretaria da saúde, é verdade. Tu já fez a tua?

— Não, mas vou fazer. Senão, caio no melô do cinqüentão. Tu sabe o melô do cinqüentão? É a melodia da Conceição, com a letra um pouquinho diferente. Ereçããããão, eu me lembro muito bem... Sacou? E agora daria um milhão, para ter outra vez ereçããããão.

— Quando é que tu vai fazer a tua?

— Dentro em breve. Meu plano é fundar uma espécie de cooperativa pra servir de apoio e incentivo, baratear os custos, conseguir álibis pra mulher do cara não desconfiar, porque tem muita mulher que vai ficar de pulga atrás da orelha, essas coisas, o sujeito precisa de apoio. Enfim, o trabalho coletivo rende mais, eu sou um idealista, já tenho até o nome da cooperativa.

— Coprótese?

— Não, muito careta, tem que ter suingue. Eu parti de pró-prótese, é mais ideológico, define melhor a nossa ideologia. O nome genérico vai ser Pró-Prós Anônimos, cada cidade com o seu. E cada bairro da cidade também com o seu. Vamos fundar o Pró-Pró do Leblon, que me diz?

— Belíssima idéia, tou contigo e não abro.

— Então toque aqui, estamos apalavrados. Tu também deve ter uma porção de amigos que não passam no teste Fischer.

— Eu acho que não tem nenhum que passe.

— Pronto. Com uma meia dúzia de três ou quatro, já dá pra começar a cooperativa. Ai, cara, é um sonho! Eu já vejo até a primeira reunião, na sala que a gente vai alugar, já tenho o nome pra sala também.

— Como é?

— Sala Vera Fischer, claro, ela merece. Bem pensado, ela merece até o Prêmio Nobel de Medicina, pelo bem que está fazendo à humanidade com esse teste.

A MERENCÓRIA LUZ DA LUA

NA RODA DE BOTECO HABITUAL dos sábados, os jornalistas presentes, inclusive eu, se queixavam, como é cada vez mais freqüente, do baixo astral vigente no país. Baixo astral este em que os jornalistas, de informação ou opinião, têm forçosamente grande influência. Quem informa pode até procurar notícias boas para dar, mas a dificuldade é grande e aí ele acaba dando as que encontra, ou seja, as ruins mesmo. E quem opina é obrigado a opinar sobre o que se noticia, não conseguindo, assim, abandonar os ulos sinistros em que se transformou a maior parte da opinião jornalística brasileira, sem exceção da minha.

De vez em quando, a gente tenta, ou pelo menos alguns de nós tentam. Mas o pessoal reclama. Outro dia, um leitor exaltado quase me abotoou na rua, para reclamar que eu não estava reclamando o suficiente. Aleguei que, de vez em quando, queria que não se achasse nos jornais tanta lamentação, indignação e desesperança. Que escrever uma eventual coisinha amena também me fazia bem, me esfriava um pouco a cabeça, zonza com tanta maracutaia, violência e miséria. Mas ele não se convenceu. Recitou um rosário de barbaridades nacionais e exigiu que eu não fizesse outra coisa senão blaterar, como afincadamente blatera a maioria de meus colegas. "Tem que baixar o cacete!", gritava ele. "Não pode facilitar com eles, tem de baixar o cacete o tempo todo!"

Os colegas no botequim também se revelaram meio fartos de só viverem escrevendo ou falando sobre horrores. E também seus leitores e ouvintes são exigentes, não querem que se ocupem de outra atividade senão baixar o cacete. E o pior é que deve haver uma coisa ou outra aí, talvez muitas, para elogiar ou para nos alegrar. Mas a gente se sente culpada, quando deixa escapar uma chance de baixar o cacete. Creio que, de certa forma, tanto leitores como escrevedores estamos viciados na lamentação e não podemos prescindir de nossa dose diária, que, como sabemos, vem alcançando níveis cavalares.

Sabem como é boteco. Surgiram logo planos para organizar movimentos em favor da esperança, do orgulho nacional e de tantas outras coisas, perdidas ou tão esmaecidas que mal as percebemos. Mas, sabem como é boteco, o destino desses planos era, como foi, não passarem dali. E, de qualquer forma, o sentimento de culpa é insuportável. Nós, de remediados para cima, vivemos sob uma carga de culpa acachapante. Enfrentamos dificuldades, mas não moramos debaixo da ponte, não passamos fome e não dormimos na chuva. E não somos diretamente responsáveis pela escandalosa situação a que chegou o Brasil. Mas sabemos que nossa parcela de responsabilidade existe, está aí de alguma forma. E é impossível não vir um travozinho de culpa à boca, toda vez que comemos um sanduíche na presença de crianças de olhos compridos (eu não como), vemos uma família doente escarrapachada na calçada e, enfim, damos de cara com todas as desgraças que obramos, na linda e generosa terra que herdamos. Aí o jornalista, o qual é também filho de Deus, só fica pensando em denunciar e baixar o tal cacete, é o que ele pode fazer.

E há também a raiva. A gente batalha décadas, cada qual à sua maneira, pelo pleno funcionamento das instituições democráticas e seu maior símbolo e palco, o Congresso Nacional (sim, para evitar cartas exigindo ressalvas, faço a ressalva: a maior parte é honesta, trabalhadora e mais o que quiserem que eu diga; não estou disposto a ser processado por repetir o que todo mundo acha, ou seja, o contrário do que acabo de ressalvar) chafurda num lodaçal assombroso, diante do qual o queixo do cidadão já foi parar nos pés. A gente paga imposto e o nosso dinheiro (ou essas estampas engraçadas que insistem em chamar de dinheiro e que, se não forem rapidamente atreladas a alguma sigla cabalística das muitas que entre nós abundam, se esfumaçam mais rápido que um montinho de pólvora aceso) vai com a maior desfaçatez para os bolsos de uma súcia de larápios sustentada por nós, país de ovinos.

Apesar de tudo isso — surpresa! — mantenho a esperança. Se saímos do tranco institucional que foi a cassação de um presidente da República, sairemos também deste. Sairemos, quer dizer, se as apurações não esmorecerem e se a impunidade não mostrar novamente sua cara sem-vergonha. Acredito que isto não vai acontecer. Certamente há homens na República que compreendem a dimensão do problema, cuja má solução poderia vir a ameaçar seriamente nossas sofridas conquistas políticas. E acho que, se o processo for bem conduzido, as instituições vão sair ganhando — fortalecidas, como diria um comentarista político.

Sem esperança, não se pode viver. Sem auto-estima, tampouco. Ainda no boteco, lembramos juntos coisas do tempo dos mais velhos. O tempo em que o melhor futebol do mundo era o nosso, as melhores mulheres, os melhores pilotos de avião, os melhores arquitetos, os melhores mecânicos, o melhor povo, enfim. Sempre havia um patriota mostrando como a gente dava de dez a zero em qualquer setor. Sim, claro, existia um certo atraso, mas o progresso marchava e o futuro de nação tão rica e singular não podia deixar de ser risonho. E a nossa alegria? E a nossa extraordinária musicalidade? E a nossa fantástica capacidade de improvisação? E a nossa inata cordialidade?

Mitologia, claro, e também não se vive sem mitologia. Mas mitos bons parece que não temos mais, todos são melhores do que nós e tudo é melhor do que o nosso, nós somos uma vergonha. A mesa verificou isto com consternação. E quantos de nós ali éramos do tempo em que, ainda crianças, o coração batia orgulhoso, quando ouvíamos *Aquarela do Brasil* — embora então, como agora, ninguém soubesse o que é "mulato inzoneiro". Voltei para casa já noite, saí ao terraço, fui para debaixo da luz da Lua. De fato, me pareceu um pouco merencória. Mas, deixando vocês com uma imagem de fino lavor literário, ainda acredito que, em lugar da merencória luz, o sol da redenção um dia brilhará em nosso firmamento cor de anil.

Essas mulheres
de hoje em dia

NÃO SEI COMO É QUE FOI que o papo passou da matéria plástica
para as mulheres. Papo de boteco é assim mesmo, muito volúvel. Eu, que melancolicamente constato mais uma vez ser o de-
cano da turma, estava gostando mais dos assuntos anteriores,
pelo menos nisso a condição de mais velho me trazia vantagens.
Fui o primeiro a lembrar que plástico antigamente se chamava
"matéria plástica" e, ainda por cima, recordei a galalite. Galalite
também era um tipo de plástico, que tinha um cheiro horrível e
nada feito com ele prestava. Vivamente cumprimentado, inda-
guei se alguém sabia do nome de um sabonete popular, não contando o Vale Quanto Pesa, que, por alguma razão, todo mundo
mais ou menos do meu tempo não esquece, assim como o
Lifebuoy, que estigmatizava com a ameaça de CC (iniciais de
"cheiro de corpo", para informação de vocês, jovens insensatos,
que acham que a palavra "cecê" deve ter vindo do latim ou do
inglês) os que não o usavam, dizendo desdenhosamente "ele é o
tal que não usa Lifebuoy".

Ninguém sabia e eu, certeiro como um arqueiro olímpico,
bati em cima: Dorly. E repeti o slogan: "Sabonete Dorly, preço
por preço, o melhor". Novamente aplaudido, deixei embriagar-
me pelo sucesso e trouxe lágrimas aos olhos de alguns presentes,
ao evocar a revista *Eu Sei Tudo* e a seção das aparências que enga-
navam na revista *O Cruzeiro*, a cargo (acho que só eu e a família
dele, ou dela, sabemos disso) de Tetê Signorelli. E por aí fui,

desde as pílulas de vida do dr. Ross, a Glostora, Gumex e Quina Petróleo Oriental até o tempo em que estrogonofe era a comida mais chique que havia e o Ibrahim anunciava que, numa festa altamente kar, fora servido um tremendo estrogô — de leve. E todos os presentes adoraram milhões, pois que, nessa época, quando a gente gostava muito de uma coisa, dizia "adorei milhões".

Creio que as mulheres adentraram o papo talvez na hora em que estávamos tratando de revistas em quadrinhos. O macaco Pituca na *Vida Infantil*, o Falcão Negro na *Vida Juvenil*, Joel Ciclone, o mágico Karzoni (Mandrake é mais famoso, mas Karzoni, assim como o príncipe Íbis e seu triângulo mágico, não fazia nada com gestos hipnóticos, modificava a realidade mesmo), Augustinho Mocho em *Mindinho*, o Homem-Bala e a Mulher-Bala... Não, não foi nessa hora, foi na hora das marcas de carro. Eu já tinha passado por Studebakers, Packards, DeSottos, Buicks, Nashes, MGs e coevos, quando alguém observou que, naquele tempo, mulher que entrava em carro desacompanhada (ou ia ao cinema desacompanhada, ou ao médico, ou a qualquer coisa) ficava malfalada.

— No tempo da gente, mão no peito até por fora da roupa era trabalho de meses — resmungou um, rancorosamente. — Por dentro, tinha cara que ficava noivo de aliança no dedo e não conseguia! Hoje em dia, essa molecada pega a maior moleza, vai saindo do McDonald's direto pro motel!

Revolta geral, mudança imediata e brusca de assunto. Sim, as mulheres de hoje em dia, que horror. Nem na *Playboy*, que no começo da década de 60 era mais ou menos contrabandeada dos Estados Unidos, elas apareciam como aparecem hoje, com tudo de fora, já não há mais o que mostrar. E pensar que, na década de 50, um exemplar do número da revista *Esquire* que trazia a foto da injustamente olvidada Colleen Miller só de calça comprida e sem sutiã era disputado a tapa e a gente deixava o buço crescer e pagava inteira no cinema só para ter a chance de ver o peito de Françoise Arnoul escorregar para fora da combinação durante meio segundo, glória das glórias! Hoje não, hoje é essa sem-vergonhice, isso tira a graça de tudo, a verdade é essa.

Sim, a verdade é essa, todos concordaram. Todo mundo ali estava em plena forma e quem não estava tinha a que recorrer. A medicina, graças a Deus, continua muito adiantada, como sempre. Depoimentos graves sobre o Viagra. Alguns céticos, outros, na maioria, entusiásticos. Funciona, sim, é só tomar as precauções devidas, criar o clima e ingerir a medicação na hora certa, o *timing* é importantíssimo. Em alguns casos, convém tomar também um tranqüilizante, para domar a natural ansiedade. Mas, de resto, é só uma questão de *timing*. Janta-se civilizadamente com a moça, toma-se um vinhozinho com moderação e, quando se pressente que, daqui a mais ou menos uma hora, ser-se-á chamado à ação, vai-se discretamente ao banheiro e ingere-se a pílula. Funciona, funciona, é testemunho unânime de todos os que já experimentaram. Não fica aquela coisa dos vinte anos — também o que é que você quer —, mas não envergonha, é um grande progresso.

Para não falar no implante. Concluiu-se que é preciso acabar com esse preconceito besta contra o implante. Claro, estavam todos normais, em perfeitas condições, nem reposição hormonal o médico disse que era necessária, mas a pressão da mulher de hoje em dia é demais, tem-se que reagir com todos os recursos que a ciência propicia. Relataram-se diversos casos de implantes, sempre feitos por amigos e conhecidos ausentes, que se revelaram sucessos estrondosos, criando os maiores espadas sessentões do pedaço, só vendo para acreditar. É, o implante também constitui um caminho e um horizonte radiosos.

E assim ia a conversação, quando o olhar de um dos presentes congelou-se e os outros o acompanharam. Quem vinha de lá? Ninguém conhecia a morena que ondulava rua acima, sabendo perfeitamente o efeito que causaria. Umbiguinho de fora, *short* mais curto que os da Carla Perez, seios que a brisa do Leblon beijava e balançava, tudo, mas absolutamente tudo, irretocável, uma provocação que chegava às raias da criminalidade. Ah, essas mulheres de hoje em dia. Ela passou, estabeleceu-se um silêncio absorto. Logo o papo voltaria, é claro, mas, naquela hora, o que todos pensaram foi a cruel verdade, de enunciado sempre doloroso: o grande mal da nova geração é que a gente não pertence mais a ela.

Pais de família
num boteco do Leblon

— Eu agora não estou tão mais abalado assim. Mas, no começo, foi difícil, me deu até uma certa vontade de esganar ele, Deus me perdoe.

— É, realmente é um pouco chocante. Mas tua mulher tem razão, é bem mais comum do que a gente pensa.

— Bem mais comum, não! Um pouco comum talvez, mas muito comum não é, não pode ser!

— É comum, sim!

— Tu vai me dizer que já comeu meleca?

— Não, não. Mas já provei xixi. Eu era bem mais jovem que seu filho, foi antes de minha família sair de Minas pra vir morar aqui, mas provei. Fui fazer xixi no quintal, me deu aquela curiosidade, eu molhei o dedo no xixi e provei. Até hoje eu me lembro, é meio salgadinho.

— Provar xixi é diferente! Provar xixi todo mundo...

— Ah, então tu vai me dizer que já bebeu xixi e agora fica todo escandalizado porque seu filho come meleca!

— Beber, não! Só quem bebe mijo é hindu, todo mundo sabe que só quem bebe mijo é hindu, possa ser algum chinês ou outro, que chinês traça até omelete de barata, mas a pessoa normal, não! Eu provei, igual que nem você! Provei, dei aquela provadinha, também achei salgado, nunca mais toquei! É muito diferente de ficar com os pés no sofá, tirando meleca e comendo.

— Isso passa com a idade. Não foi o exemplo de tua mulher que fez você desistir de esganar ele? De esganar, não digo, que você não ia esganar seu próprio filho, mas jogar pela janela, qualquer coisa assim. Não foi o exemplo da tua mulher que te fez pensar duas vezes?

— Olha aqui, eu contei pra ti esse negócio da Maria Inês, mas não é pra ficar falando por aí, não pega bem, eu te contei como uma particularidade de amigo, não é pra ficar comentando, é um assunto delicado.

— Mas eu estou falando é com você, não é com ninguém mais, tu sabe da minha decência! Quando eu era fiscal do INPS, não foi uma nem duas vezes que eu...

— Eu sei, eu sei, desculpe. É porque eu fico nervoso. Tu tem mais experiência do que eu, tu sabe que esse negócio de ser pai de família não é moleza.

— Nunca foi! Hoje é que eu entendo meu santo pai, que Deus o tenha. Acho que vou pegar uns duzentos anos de Purgatório só pra pagar o que eu fiz com meu. Se bem que já estou pagando aqui mesmo, neste vale de lágrimas. Tu conhece o Conrado Antônio, não conhece? Meu filho mais velho, claro que tu conhece, ele está morando na Barra, tem quatro Pajeros e dois Mercedes na garagem, vai pro trabalho de helicóptero...

— Eu sei, ele é um rapaz muito bem-sucedido, um exemplo.

— Isso pra consumo externo. Pra consumo interno é quatro Prozac todo dia e meia grosa de Lexotan e assim mesmo eu ainda tenho de agüentar os ataques dele, é mais ou menos de mês em mês, é quando ele tem de pagar o psicanalista dele, que cobra uns dez dólares por palavra que o sujeito diz a ele, tem otário pra tudo nesse mundo. Já está com uns quinze anos de análise nas costas e até hoje não ficou bom da maluquice. Aparece lá em casa atacado e fica apagando todas as luzes e dando descarga nos banheiros, é um inferno até eu achar o psiquiatra dele, que vai lá, dá uma injeção tipo sossega-leão nele e leva ele embora. Isso tudo, diz ele, é porque eu passei 12 anos de minha vida dizendo a ele que apagasse a luz e desse descarga depois que fosse no banheiro. Eu tinha razão, se a gente soltasse aquele sacaneta cinco minutos, a casa era interditada pela Defesa Civil!

— Rapaz...

— Pois é, as aparências enganam, fique com os antigos, que sabiam das coisas, tanto assim que a gente repete o que eles diziam até hoje. Eu tenho mesmo muito mais experiência que você. E mais filhos também. Cláudia Heloísa, que mora em Miami às minhas custas; Antônia Helena, que tem três filhos com quatro pais, porque de um ela não tem certeza e eu crio os três merdinhas; Marcelo Fernando, que... Deixa pra lá, não é pra ficar me lembrando dessas coisas que eu só saio do boteco na hora que fecha. O que era mesmo que eu estava falando?

— Na meleca, a questão da meleca.

— Ah, pois é. Eu ia dizendo que esse problema da meleca é passageiro, como demonstra o exemplo da Maria Inês. Ela mesma foi quem confessou que o filho devia ter puxado a ela e que ela só parou de comer meleca com uns 15 anos, não foi isso que você me disse? Quem sai aos seus não degenera. Tu já proibiu, mas ele vai continuar a comer, só que escondido. Depois passa, tudo passa. Hoje em dia, o Nonoca almoça todo domingo lá em casa. Não vou dizer que gosto, mas já me adaptei. Quem é o Nonoca? E tem alguém, do Jardim de Alá ao canal da Marquês de São Vicente, que não saiba? Eles saem de mãos dadas e trocam beijinhos no Tio Sam! Eu vou resumir pra ti e botar um ponto final nessa questão do problema da meleca. O problema da meleca não é nada, o teu filho pode comer meleca o resto da vida, escondido no banheiro, que não vai fazer diferença nenhuma. Ponto final: tu sabe como eu conheci o Nonoca? Ele entrou com o Marcelo Fernando, me deu dois beijos e disse "oi, sogrão!". Problema é o Nonoca sentado no colo do Marcelo Fernando, no meio da turma que vai pegar o futebol no telão a cabo. Já sofremos até uma baixa, o general nunca mais pisou lá.

Esse problema da meleca não é nada, tu não tem problema nenhum com os filhos.

— Não, nisso você se engana. A meleca foi assim a última gota, a palhinha que quebrou as costas do jegue, tu entende? Tá certo que o Nonoca deve ser um problema, mas tu mesmo disse que já se adaptou. Eu ainda não me adaptei.

— Teu filho também...

— Não, não, é minha filha mais velha, a Priscilla. A mãe teve uma conversa com ela, descobriu que ela andava em tudo quanto era tipo de motel com os namorados e agora ela leva os namorados pra casa mesmo. E ela é muito volúvel, sabe como é, todo dia eu tenho que ser apresentado a um panaca desses que vai dormir com minha filha em minha casa e acabar com a geléia toda de manhã. Eu já fui obrigado a comprar uma caixa de camisinhas pra deixar na gaveta da mesa de cabeceira dela! Eu... Eu não sei se não preferia um bom Nonoca, tu sabe? Eu... Eu... Benjamim, me dá aí um estainirregue pra eu despejar nesse chope!

ALEGRIAS DA PATERNIDADE

TENHO CERTEZA DE QUE inventaram esse negócio de Dia dos Pais, Dia das Mães, Dia dos Namorados e assemelhados com o exclusivo propósito de atanazar o juízo do grupo, numeroso porém desprezado, em que me integro, ou seja, o dos que acham essas datas apenas ocasiões para exercícios de sadomasoquismo e solapamento da já combalida estrutura familiar. Sei de dezenas e dezenas de namoros acabados e casamentos atormentados porque um infeliz se esqueceu de uma dessas datas. (As infelizes, curiosamente, não costumam esquecer-se — deve ser algum golpe delas; está fora da moda, mas mandam os antigos não menosprezar o Eterno Feminino, os antigos sabiam das coisas.) Eu mesmo só lembrei que hoje é Dia dos Pais (escrevo com cruel antecedência, é bom sempre observar) porque andei folheando uma agenda.

Queridos confrades, pais, que nos espera hoje? As possibilidades são infindas, mas há categorias em que a maior parte pode ser enquadrada, sob diversos critérios. Penso primeiro (dei muito para pensar em velho ultimamente, bandeira grande) nos avôs, que, como as avós, reúnem todas as forças para não meter a mão na cara do centésimo sujeito que o chama de "pai duas vezes", achando que está fazendo um comentário original e engraçadíssimo. E, claro, com heróicas e escassíssimas exceções, os dessa faixa já chegaram ao doloroso estágio em que todo mundo manda, menos eles, e muito menos neles mesmos.

— Vô, vamos almoçar fora em sua homenagem. Aonde o senhor quer ir?

— A uma churrascaria. Uma churrascariazinha, há muito tempo que não vou.

— Churrascaria? Mas nunca! O senhor já se esqueceu do colesterol, esqueceu a angioplastia? O senhor não se quer bem, mas nós queremos bem ao senhor!

— Então por que perguntam?

— É porque hoje é seu dia, paizão, é tudo para seu bem-estar e felicidade.

Claro, vão levá-lo ao restaurante de não-fumantes em que servem saladas de aspecto malevolente e onde vão deixar — fantástica colher de chá, tudo para a felicidade dele — que ele tome um copinho de vinho, daquele branco doce que a Eulália, sua nora mais carinhosa, adora. E virão os brindes, todos sublinhando, com inquietante ênfase numa convicção obviamente falsa, os muitos e muitos outros dias dos pais que ainda se celebrarão na companhia do homenageado. E, na seqüência de tributos que lhe serão prestados, consentirão que fique na sala até a hora do *Sai de baixo*, pois normalmente é forçado a ir dormir depois do *Fantástico*, não só porque o médico aconselhou, como porque, e principalmente, a velha (que fuma e dorme na hora em que quer) tem ciúme das pernas da Marisa Orth. Quanto às ganas de pisotear e jogar no vaso o celularzinho indecifrável que lhe deram, passam logo no dia seguinte e ele dá o celular ao neto, o que, aliás, era o verdadeiro objetivo do presente.

Sejamos igualmente solidários para com os pais separados. Normalmente, domingo já é dia de pai separado sair com os filhos, a maior parte comendo apaixonadamente *pizza* fria e indo a lugares de cuja existência jamais tomaria conhecimento, se não fosse pai separado. Pai junto pode bocejar e dizer ao moleque que vá pastar, vá surfar ou vá para um quarto acusticamente isolado, caprichar no progresso de sua surdez *heavy metal*. Mas pai separado tem gravíssimos encargos, notadamente se se filia à escola entusiástico-companheirona, que implica risos alvares, gritos de "vamos lá, filhão!", trajes grotescos, músculos e juntas aos frangalhos, papos de homem para homem em que o homem acaba sendo o filho e pedidos gaguejantes a senhoras desconhecidas, para que levem a filha ao banheiro feminino. Para não falar nos presentes, todos escolhidos a dedo pela ex-mulher entre tudo o que ele não gosta, preferivelmente algo que o presenteador exija que ele use na hora, como um par de óculos escuros de boiola e um *walkman* vermelho e azul, do tamanho e peso de uma bateria de automóvel.

Os prejuízos para as finanças familiares são às vezes consideráveis. Um amigo meu festejou durante um mês a excursão à Europa, para ele e a patroa (sozinho não tem graça e, embora tenha tido que passar a maior parte do tempo em lojas e ouvindo comentários sobre como Florença realmente é uma bela cidade, mas enche o saco logo e o comércio é péssimo, não chega aos pés de Miami, conseguiu, afinal, viajar para fora do país), para em seguida descobrir a chegada dos carnês de pagamento da agência de turismo, todos em seu nome, é claro. Claro, sim, ele tinha dinheiro guardado, a vida é curta, por que se privar de um sonho só para conservar os trocados da velhice? E ele não reclamou, tem umas duas músicas compostas e vai ver se descola uma vaga no Retiro dos Artistas.

De minha parte, sofro grandes sobressaltos com os anúncios de televisão, principalmente os dos aparelhos de ginástica (venho murchando a barriga com afinco desde que me lembraram a chegada do dia de hoje, espero escapar) e, nas raras vezes em que o controle está sob meu controle, mudo de canal. Mas é a velha paranóia, na verdade não tenho muito o que temer. Vou ganhar uma bermuda e um par de sandálias, se bem que minhas camisas de ir à Academia "estão uma vergonha" e talvez eu receba novos instrumentos de estrangulamento parcelado. Nada como a alegria do Dia dos Pais. Pelo menos quando se é dono de *shopping* ou churrascaria, imagino eu.

Do diário de mamãe

Querido Diário,

Hoje eu não ia escrever. Você sabe que eu sempre digo que não vou escrever nada na manhã do Dia das Mães, mas acabo mudando de idéia, acho que é um preparo psicológico importante. A análise não adiantou nada, só me forneceu algumas palavras para designar as minhas neuras, que por sinal agora atendem todas as vezes em que são chamadas por seus nomes freudianos. Antigamente, quando eu não as conhecia tão cientificamente, elas eram menos metidas, tinham pelo menos um certo pudor, não ficaram tão assim emergentes, minhas neuras hoje são umas peruas emergentes insuportáveis. Diário é muito melhor do que análise, não dá palpite nem fornece *status* à nossa maluquice. Aconselho.

Sim, querido, Dia das Mães novamente. O do ano passado parece que foi ontem. Ele, como sempre, está entusiasmadíssimo, é o rei do Dia das Mães. Aliás, é o rei de todos esses dias, porque sempre ganha presentes. Como hoje, por exemplo. Oficialmente, é o meu presente, claro. Ele acha que eu não sei, mas vi a nota de venda no bolso do paletó dele e a caixa mal-disfarçada, meio escondida por trás das almofadas velhas, na prateleira de cima do armário do quarto. É uma filmadora de vídeo altamente avançada, dessas que exigem diploma de engenharia eletrônica para começar a operar e de que eu preciso tanto quanto de uma temporada de *camping* no Haiti. Ele sabe que eu não suporto máquinas, botões e luzinhas debochadas, mas vai me dar a filmadora. Vai botar na minha mão, vai me chamar de tecnófoba, dizer que eu vou acabar virando uma Spielberg, pegar o manual para ler tudo e me ensinar, tomar a máquina para o resto da vida e obrigar a família e os amigos a me assistir correndo de um caranguejo em Maceió, com close na celulite. Mas ele é assim, que é que se vai fazer, já nasceu assim. Até no Dia da Criança ele dá um jeito de receber um presente da mãe, preferivelmente ela pagando, mas, quando ela resiste, ele mesmo paga, acho que o sonho dele é morar no *free shop* e dar expediente diário em Miami. No ano passado, ele me deu um celular que eu nunca usei, não sei pra quê botar ainda mais uma coleira em mim — e adivinhe quem é que usa o celular.

Sim, e eu sou uma anormal. Não anormal de psicanalista, que todo mundo é, mas anormal mesmo, dessas de cinema americano de tevê de assinatura. Bem verdade que tenho minhas razões. Não há normalidade que resista a seis netos numa mesa de churrascaria. Agora são oito anos. É isso mesmo, Marcelinho, o mais velho, tem oito anos, tenho oito anos de avó e oito anos que ouço seiscentas vezes "agora é mãe duplamente, hem?" e tenho que responder com um risinho. Como dizia minha mãe, que eu agora compreendo muito melhor, é por essas e outras que eu não ando armada. E o Marcelinho, tudo bem, deixou de ser catarrento e de chutar e morder as pessoas. A Duda, mãe dele, é moderna e acha ótimo tudo o que ele faz, mas agora ele simplesmente chega à churrascaria, enche o pandulho de lingüiça e picanha e não fala mais nada, deve ter um vocabulário de umas 15 palavras, grande Marcelinho, excelente neto. Mas os outros não, os outros eu sinceramente acho que deviam ser congelados até passarem da adolescência. Quando passassem, fazia-se o descongelamento. Se voltassem a manifestar o mesmo potencial infinito de enervar o próximo, novo congelamento até os 20. Aí, descongelava, mais encheção de saco, mais cinco anos de *freezer* e assim por diante.

É, devo ser anormal, mas não tem quem me faça acreditar que não haja muitas outras na mesma condição que eu. Admito que não estou de bom humor, mas é natural. As flores já começaram a chegar, vão acabar os jarros, acho que vou montar uma banquinha de florista na portaria, pelo menos assim eu me dou um presente razoável e amenizo os ímpetos homicidas que me atacam, quando vejo nos comerciais de tevê o fogãozinho ideal para a mamãezinha. Felizmente eles já sabem disso, mas é bom sempre lembrar que eu pego a cabeça do infeliz que vier me dar um fogãozinho de presente de Dia das Mães, boto no forno e acendo. O mesmo, *modus in rebus*, com os dedos de quem me der liquidificador. Mas acho que não há risco. Ninguém tem grana e todo mundo se lembra do que eu fiz, no dia em que o Marcito me deu um descascador de batata de presente, até hoje ele deve ter trauma de batata. Você também teria, se passassem um descascador de batata no seu cabelo.

Estou pronta para a churrascaria e a família. Não que isso seja motivo para foguetes, mas vou poder ver o Leo novamente. Só vejo Leo entre espetos e uma vez por ano. Acho que, sem os espetos, o pão de queijo e as tulipas de chope, eu talvez tivesse dificuldade em reconhecê-lo. Olhando para minha cara, ninguém diz, mas eu sou mãe de um indivíduo que ficou careca e mandou fazer aquele trançadinho grotesco na careca e ainda pinta o resto de cabelo que tem e o bigode. E troca de mulher o tempo todo, ou elas o trocam, nunca sei bem. O que eu sei é que ele sempre aparece com uma diferente, sempre com nome estrangeiro, Ingrid, Shirley, Uta, umas coisas assim, todas sorridentes, empetecadas e dizendo que eu estou bem, estou muito bem, estou ótima — fico indignada, só se diz isto a velho, nem agradeço.

Estou pronta, querido Diário. Para não encherem o saco outra vez, fiz o cabelo e as unhas, vou usar a blusa nova (que eu comprei, com meu dinheiro) — estou bem, estou muito bem, estou ótima. Acho que este ano, aconselhada pela experiência, vou levar um livrinho para ler na fila da churrascaria e montar um sorriso permanente na cara, para todas as finalidades. Me olhou, eu estou lá com um sorriso. Longe de mim querer estragar a festa da família, que diriam eles aos amigos, se não pudessem contar que levaram mamãe e vovó para almoçar fora no Dia das Mães. Ser mãe, todo mundo sabe, é padecer num paraíso, se bem que ainda não me mostraram direito o paraíso. Mas cumpro o meu papel de centro da festa, sei o que se espera de mim, nunca falhei em meu dever, vou encarar esse almoço com coragem e serenidade. Só não garanto é me conter se o Leo resolver fazer discurso outra vez e me chamar de matriarca. Almoço sim, mas matriarca é a mãe.

Conflito de gerações

Nesta minha faixa etária, piedosa e vagamente chamada de "meia-idade", posso dizer que já vi o mundo mudar muito. Penso nisto ao parar diante de uma banca de jornais em Ipanema, para olhar as capas das revistas de mulher pelada. Já me tinha ocorrido fazer isso antes, mas sempre ficava com vergonha. Um pouco chato, achava eu, ser surpreendido nessa atividade, ainda mais que, meio cegueta, tenho que tirar os óculos de míope e praticamente encostar o nariz nas revistas. Mas hoje não me deixo inibir, vou em frente com impavidez. Afinal, trata-se de um trabalho de pesquisa, coisa profissional, para obter o material com que, mais uma vez, testarei a aparentemente inesgotável paciência dos leitores.

Mas cansei rápido. Nunca pensei que chegaria o dia em que, a propósito de mulheres peladas, diria "quem já viu uma já viu todas", mas foi o que me veio à mente. Devo estar ficando velho — raciocino, não sem certo rancor. Reponho os óculos, recobro a compostura, entro em reminiscências. As campanhas de vacinação, ah, as eletrizantes campanhas de vacinação! Durante as campanhas de vacinação que faziam nos colégios, tomei parte em ousadíssimas expedições para conseguir espiar, através de frestas e portas entreabertas, uma nesga de perna de moça, na hora indescritível em que ela levantava a saia para ser vacinada na coxa. Na companhia de outros bestalhões, já fiz plantão para assistir à passagem anunciadíssima da valente pioneira que, em nosso bairro, foi a primeira a sair sem sutiã. E não há como esquecer o dia em que me juntei à multidão formada no Farol da Barra, para ver umas francesas que passaram por Salvador e foram à praia de biquíni, biquíni que hoje seria descrito como um fraldão repolhudo, encimado por um poderoso sutiã armado.

Quem te viu, quem te vê. Subitamente me ocorre que já vi peladas muitas amigas e conhecidas, embora nunca, quem sou eu, em carne e osso. Algumas delas, por sinal, em estados variados de nudez, podem ser encontradas aqui mesmo, na banca. Faço um inventário aligeirado na cabeça, cai-me o queixo. Gente que não acaba mais, a ponto de, em algumas reuniões onde estive, as que eu ainda não vira peladas terem sido minoria. Em mesas de churrascaria, muitas vezes são a totalidade. Bem sei que assiste bastante razão a quem diz que o mal da nova geração é que não pertencemos mais a ela, por isso que me apresso em dizer que não sou contra. Quem tem seu bem-bom mostra a quem quer, ditado libertário que aprendi com meu avô e incorporei a meu credo político.

Mas, aqui nesta banca de revistas, diante de um mural caleidoscópico de mulheres nuas, algumas em posições em que só acredito porque estou vendo, enfrento possíveis acusações de caturrismo senil e ouso dizer que acho exagero. A repetição excessiva e continuada do estímulo termina por inibir a resposta; acontece isso em todo o organismo. Não creio que uma libido normal, com a possível exceção da dos adolescentes — aos quais os hormônios e a curiosidade impõem só pensar naquilo —, não fique meio embotada, submetida a assédio tão cerrado. Por mais que se goste de bomba de chocolate, há um limite para a quantidade que se pode suportar, mesmo com fome. E não haverá bombista que não enjôe, se forçado a comer bombas todo dia, várias vezes ao dia.

Quanto às amigas e conhecidas, já superei diversas perplexidades, inclusive em relação aos maridos. Estava na casa de um deles, peguei por acaso uma revista, lá brilhava a comadre, na plenitude de seus encantos pelados. Fiquei com vergonha dele e fechei a revista, mas não agüentei e perguntei se ele não dava mesmo importância a que a mulher posasse sem roupa. Só no começo, respondeu ele, depois passa a ser normal. Convenci-me, dei até outra espiadinha na revista. E também já superei a fase caipira, em que ficava sem graça, ao encontrar uma amiga logo depois de a ter visto na maior das intimidades. Hoje chego a fazer comentários — estava uma gracinha, gostei muito daquela das perninhas para cima, aquele close também ficou muito bom, seu *vastus medialis*, sem desmerecer o *pectoralis major*, é realmente sensacional. Mas a triste verdade é que ainda me sinto meio esquisito, acho que não saí do tempo em que só se viam certas coisas quando era para valer.

Tenho também objeções a uns papinhos meio suspeitos, que de vez em quando circulam por aí, a respeito de "por que posei nua". Na minha opinião, se a mulher não quiser ser considerada mercenária, as únicas razões respeitáveis para ela posar nua são ser profissional de posar nua, ou gostar de posar nua, ou querer experimentar a sensação de posar nua. Se a lei não proíbe, ela está exercendo um direito. E, considerando os interesses comerciais envolvidos, nada impede que a posadora eventual, ao mesmo tempo, receba dinheiro, unindo assim o útil ao agradável, condição ideal em qualquer tarefa. Mas tem de admitir a existência do agradável, do contrário fica só o útil, só o dinheiro. Não faço julgamento moral, até porque não me considero autorizado nem melhor do que os outros, mas observo um fato social: a crença em que, com dinheiro suficiente, qualquer mulher fica nua para você. Claro que não é verdade, mas muita gente pensa assim e as mulheres que, sem nunca terem posado antes, alegam que desta vez toparam exclusivamente porque pintou um bom dinheiro reforçam essa distorção. Isso, acho eu, não contribui muito para a dignidade feminina, numa sociedade como a nossa. A não ser, é óbvio, que se resolva que o negócio é dinheiro mesmo e o resto é farisaísmo e se eleja como bandeira o reconhecimento geral de que, pelo dinheiro certo, qualquer uma mostra o que o freguês quer ver, e dignidade é outra coisa, não tem nada a ver com isto. É uma, sou a favor da livre discussão das idéias.

E, como também sou a favor da livre expressão, não me passa pela cabeça querer impedir que a atriz e modelo (impressionante como cada vez mais as moças são atrizes e modelos, devia haver outra profissão) também discuta em pormenores sua anatomia íntima e a melhor maneira de manipulá-la para a obtenção de êxtases multiorgásmicos, ou faça a lista dos diversos homens que teve, com comentários sobre performances e similares. Fui criado para achar isso grossura e cafajestada, mas estou ficando velho, sim, e a marcha do progresso não pode ser detida por múmias como eu. Vamos, homens e mulheres, assumir nossa plena liberdade e igualdade, vamos acabar com as repressões, vamos escancarar, vamos fazer tudo na frente de todo mundo. Se obedecermos sem repressões a todos os desejos e impulsos naturais, estaremos livres. Como bichos, mas estaremos.

Restará o banheiro?

Antigamente, a palavra "privacidade" não existia, ou pelo menos não era usada. Empregava-se "intimidade", nas poucas vezes em que era necessário comentar-se a sua violação. Hoje, não só a palavra existe e é de uso correntíssimo, como se torna cada vez mais necessária. Designa algo inexistente nos dias de hoje. Eu pensava que isso só acontecia em cidadezinhas como Itaparica. Quando morava em minha terrinha natal, se eu metia o dedo no nariz em casa, a primeira coisa que ouvia na praça era o dr. Bertinho Borba, meu pessoal e caro amigo desde a infância, gritar de longe:

— Tava tirando meleca hoje, hem? Cuiúba viu pelo cobogó e me contou!

Na baixa estação, quando a cidade (ou melhor, "Denodada Vila de Itaparica", nome justificado não só pela nossa participação decisiva nos combates da Guerra da Independência como pelas nossas dimensões urbanas — praticamente a rua do Canal, a rua dos Patos, a rua Direita e o alto de Santo Antônio) vira quase um deserto, meu corte de cabelo era assunto durante pelo menos uma semana. "Cortou o cabelo, não foi?" "Bonito corte, nem parece que você é careca." "Se lembra de Nascimento Barbeiro?" E assim por diante.

Hoje, descubro que Itaparica, comparada às grandes cidades, não só do Brasil como do estrangeiro, é a verdadeira pátria da privacidade. Antigamente, o sujeito tinha um caso com uma moça ou senhora casada e era considerado um perfeito cafajeste, se saísse contando aos outros o que se passava. Hoje, não, hoje são elas que contam. Já cansei de ouvir, em restaurantes (não sei por quê, mas esse tipo de coisa ocorre basicamente em restaurantes), uma mulher comentando com outras que "comeu Fulano, Sicrano e Beltrano", sendo que, em muitos casos, o intuito é curricular. Conforme a importância do comido, a revelação contribui para a elevação do *status* da indiscreta. Um desventurado amigo meu, casado, deu uma escapulida, até meio relutante, com uma senhora famosa de cujo nome, como dizia Cervantes, não quero lembrar, e a primeira coisa que aconteceu foi a senhora telefonar para a sua dele esposa, para "discutir o nosso relacionamento". Ele hoje já está resignado a seu confortável *apart-hotel*. Minha irmã, num restaurante de Salvador, já ouviu duas moças comentando haverem realizado o mesmo feito comigo. Eu era solteiro na época e, portanto, não precisava esconder nada, mas a verdade é que, pelos nomes e pela descrição, eu sequer conhecia minhas duas sedutoras — que, aliás, felizmente, foram unânimes em elogiar minhas qualidades.

Se a gente cai na besteira de assinar qualquer publicação, imediatamente nossos nomes, números de telefone e endereços entram em todo o tipo de lista imaginável, desde a de doadores para o Lar dos Velhinhos Degenerados a corretoras que vendem apartamentos em Miami. Fiquei sócio do Clube do Livro do Mês americano e agora só instado a fazer compras em Miami ou a apoiar causas nacionalistas pelo mundo afora. Quando pago qualquer coisa com cartão de crédito, exigem meu número de telefone, ação para mim incompreensível, tanto assim que me rebelo e boto o primeiro número que me dá na telha, nunca o meu — o que não impede que todo mundo o saiba e eu tenha de me esconder por trás de uma secretária eletrônica para poder trabalhar.

Falar ao telefone, por sinal, é rematada imprudência, a não ser para indagar se está chovendo no Ceará ou a quanto estava o mamão na feira, pois, não havendo grampo, há linha cruzada. Até com raio *laser*, não me perguntem como, é possível escutar e gravar telefonemas à distância. Mesmo nos Estados Unidos, que, como sabemos, são desenvolvidíssimos e adiantadíssimos, ninguém se arrisca. Os executivos, faz pouco tempo, iam a áreas desertas ou campos de golfe, para discutir suas decisões. Mas nem isso podem fazer mais, porque existe uma espécie de canhão-microfone, com versões portáteis, do tamanho de uma espingarda, que, apontados na direção da conversa, são capazes captar e/ou gravar tudo. A escuridão tampouco protege ninguém, porque há visores infravermelhos que conseguem mostrar o que se passa com razoável clareza. Por trás de janelas de vidro, nem pensar, eis que os tais canhões podem ser ajustados para decodificar as vibrações produzidas pela fala nas vidraças. Segundo li recentemente, vários executivos importantes mandaram instalar aparelhos que produzem barulho de chuveiro, pois o barulho de chuveiro tem a reputação de atrapalhar bastante as escutas secretas.

Agora, nossas contas bancárias estarão à disposição do governo. Não lavo dinheiro, não sou criminoso ou contraventor, declaro à Receita tudo o que ganho e, portanto, não defendo interesse escuso algum. Mas creio que não falo somente em causa própria, falo o que muitos de vocês falariam, contra esse negócio de o governo bisbilhotar nossa vida particular. Daqui a pouco vão querer regular a conduta sexual dos casados, como, aliás, já fizeram em alguns estados do acima mencionado grande país do Norte. Segundo me consta, o sigilo bancário é garantido por dispositivo constitucional e só pode ser quebrado em casos especiais. Por que não vão procurar mais o que fazer, ou seja, governar mesmo, em vez de passarem o tempo todo inventando mais regrinhas para atazanar a nossa vida? Qualquer dia destes me naturalizo zairense.

CARTA AO PRESIDENTE

SENHOR PRESIDENTE,

Antes de mais nada, quero tornar a parabenizá-lo pela sua vitória estrondosa nas urnas. Eu não gostei do resultado, como, aliás, não gosto do senhor, embora afirme isto com respeito. Explicito este meu respeito em dois motivos, por ordem de importância. O primeiro deles é que, como qualquer semelhante nosso, inclusive os milhões de miseráveis que o senhor volta a presidir, o senhor merece intrinsecamente o meu respeito. O segundo motivo é que o senhor incorpora um instituição basilar de nosso sistema político, que é a Presidência da República, e eu devo respeito a essa instituição e jamais a insultaria, fosse o senhor ou qualquer outro seu ocupante legítimo. Talvez o senhor nem leia o que agora escrevo e, certamente, estará se lixando para um besta de um assim chamado intelectual, mero autor de uns pares de livros e de umas milhares de crônicas que jamais lhe causarão mossa. Mas eu quero dar meu recadinho.

Respeito também o senhor porque sei que meu respeito, ainda que talvez seja relutante privadamente, me é retribuído e não o faria abdicar de alguns compromissos com que, justiça seja feita, o senhor há mantido em sua vida pública — o mais importante dos quais é com a liberdade de expressão e opinião. O senhor, contudo, em quem antes votei, me traiu, assim como traiu muitos outros como eu. Ainda que obscuramente, sou do mesmo ramo profissional que o senhor, pois ensinei ciência po-

lítica em universidades da Bahia e sei que o senhor é um sociólo-
go medíocre, cujo livro O modelo político brasileiro me pareceu um amontoado de obviedades que não fizeram, nem fazem,
falta ao nosso pensamento sociológico. Mas, como dizia um antigo personagem de Jô Soares, eu acreditei.

O senhor entrou para a História não só como nosso presidente, como o primeiro a ser reeleito. Parabéns, outra vez, mas o
senhor nos traiu. O senhor era admirado por gente como eu, em
função de uma postura ética e política que o levou ao exílio e
ao sofrimento em nome de causas em que acreditávamos, ou
pelo menos nós pensávamos que o senhor acreditava, da mesma
forma que hoje acha mais conveniente professar crença em Deus
do que negá-la, como antes. Em determinados momentos de
seu governo, o senhor chegou a fazer críticas, às vezes acirradas,
a seu próprio governo, como se não fosse o senhor mandatário
principal. O senhor, que já passou pelo rídículo de sentar-se na
cadeira do prefeito de São Paulo, na convicção de que já estava
eleito, hoje pensa que é um político competente e, possivelmen-
te, tem Maquiavel na cabeceira da cama. O senhor não é uma
coisa nem outra, o buraco é bem mais embaixo. Político competente é Antônio Carlos Magalhães, que manda no Brasil e,
como já disse aqui, se ele fosse candidato, votaria nele e lhe con-
tinuaria a fazer oposição, mas pelo menos ele seria um Presidente bem mais macho que o senhor.

Não gosto do senhor, mas não lhe tenho ódio, é apenas
uma divergência histórico-glandular. O senhor assumiu o governo em cima de um plano financeiro que o senhor sabe que não é
seu, até porque lhe falta competência até para entendê-lo em sua
inteireza e hoje, levado em grande parte por esse plano, nos go-
verna novamente. Como já disse na semana passada, não lhe quero
mal, desejo até grande sucesso para o senhor em sua próxima
gestão, não, claro, por sua causa, mas por causa do povo brasileiro, pelo qual tenho tanto amor que agora mesmo, enquanto
escrevo, estou chorando.

Eu ouso lembrar ao senhor, que tanto brilha, ao falar francês ou espanhol (inglês eu falo melhor, pode crer) em suas idas e vindas pelo mundo, à nossa custa, que o senhor é o Presidente de um povo miserável, com uma das mais iníquas distribuições de renda do planeta. Ouso lembrar que um dos feitos mais memoráveis de seu governo, que ora se passa para que outro se inicie, foi o socorro, igualmente à nossa custa, a bancos ladrões, cujos responsáveis permanecem e permanecerão impunes. Ouso dizer que o senhor não fez nada que o engrandeça junto aos corações de muitos compatriotas, como eu. Ouso recordar que o senhor, numa demonstração inacreditável de insensibilidade, aconselhou a todos os brasileiros que fizessem check-ups médicos regulares. Ouso rememorar o senhor chamando os aposentados brasileiros de vagabundos. Claro, o senhor foi consagrado nas urnas pelo povo e não serei eu que terei a arrogância de dizer que estou certo e o povo está errado. Como já pedi na semana passada, Deus o assista, Presidente. Paradoxal como pareça, eu torço pelo senhor, porque torço pelo povo de famintos, esfarrapados, humilhados, injustiçados e desgraçados, com o qual o senhor, em seu palácio, não convive, mas eu, que inclusive sou nordestino, conheço muito bem. E ouso recear que, depois de novamente empossado, o senhor minta outra vez e traga tantas ou mais desditas à classe média do que seu antecessor que hoje vive em Miami.

Já trocamos duas ou três palavras, quando nos vimos em solenidades da Academia Brasileira de Letras. Se o senhor, ao por acaso estar lá outra vez, dignar-se a me estender a mão, eu a apertarei deferentemente, pois não desacato o Presidente de meu país. Mas não é necessário que o senhor passe por esse constrangimento, pois, do mesmo jeito que o senhor pode fingir que não me vê, a mesma coisa eu posso fazer. E, falando na Academia, me ocorre agora que o senhor venha a querer coroar sua carreira de glórias entrando para ela. Sou um pouco mais mocinho do que o senhor e não tenho nenhum poder, a não ser afetivo, sobre meus queridos confrades. Mas, se na ocasião eu tiver algum outro poder, o senhor só entra lá na minha vaga, com direito a meu lugar no mausoléu dos imortais.

Este livro foi impresso em São Paulo, em abril de 2000,
pela Lis Gráfica e Editora, para a Editora Nova Fronteira.
Os tipos usados no texto são AGaramond 12/14,5 e GillSans.
O papel do miolo é offset 90g/m², e o da capa, cartão 250g/m².

Atendemos pelo reembolso postal.
EDITORA NOVA FRONTEIRA S.A.
Rua Bambina, 25 – Botafogo – 22251-050 – Rio de Janeiro – RJ